'한 번 더'의 힘

매 일 남 보 다 1 퍼 센 트 를 더 쌓 아 가 는 사 람 의 기 적

THE POWER OF ONE MORE

'한 번 더'의 힘

에드 마일렛 지음 | 박병화 옮김

TORNADO
토 네 이 도

'한 번 더'를 누적하라,
마법이 일어날 것이다

이 책《한 번 더의 힘》에는 나를 30년 이상 성공으로 이끌어온 전략들이 망라되어 있다.

한 번 더 시도하고, 한 번 더 전화하고, 한 시간 더 일찍 일어나고, 한 번 더 관계를 구축한다. 어떤 상황에서도, 무엇이든 한 번 더 자발적으로 실행함으로써 당신은 엄청난 보상을 얻게 된다.

왜 그럴까?

최고의 삶은 세상의 기대치보다 '한 번 더' 행한, 바로 그곳에서 끊임없이 발견되기 때문이다.

삶을 완전히 바꾸고 싶은가?

'한 번 더'로 시작하라.

'한 번 더' 시도하면 완성할 수 있는 성공이 아주 많다는 것을 나는 배웠다. 당신도 곧 배울 것이다. 지금 있는 곳에서 딱 한 걸음만 더 가면 목표에 도달하는 경우도 세상에는 너무나 흔하다.

30년 이상 '한 번 더' 전략을 구사하면서 나는 알게 됐다.

삶을 변화시키는 기회는 생각보다 훨씬 가까이 있다는 것을. 한 번 더 만나고, 한 번 더 결정을 내리고, 한 번 더 도전하고, 한 번 더 생각하면 당신은 더 깊고 더 넓어진, 확장된 삶을 누리게 된다. 언제 어디서든 '한 번 더'에 집중하는 습관을 가지면 더 많은 것을 보고 더 많은 선택을 하게 되며, 이는 더 많은 변화를 불러올 것이다. 결정적인 기회와 변화는 이러한 작은 생각과 행동을 결합하고, 그것들을 연속해서 쌓아가는 과정에서 태어난다.

성공하는 사람은 날마다 조금씩 조금씩 깊어지고, 조금씩 조금씩 넓어지는 삶을 산다. 그것들이 모여 드넓은 바다가 되고, 깊은 산이 된다.

한때 나는 아내와 살았던 아파트의 전기 요금조차 내지 못할 정도로 가난했다. 건강이 악화되고 가까운 사람들을 잃었다. 그 무엇보다 긴 세월 동안 나는 의심과 좌절, 두려움과 불안을 껴안고 살았다.

필사적으로 인생의 답을 찾아 다녔다. 전혀 알지 못하는 길을 무작정 걷기도 했다. 하지만 결국 답이 없는, 해결책이 없는 삶으로 돌아올 수밖에 없었다.

이유는 간단했다.

나는 인생의 답이 '멀리 있다'고 생각했기 때문이다. 그래서 그토록 오랫동안 불안에 떨며 방황하고 헤맸던 것이다.

방황의 끝에서 마침내 나는 답을 찾았다.

인생을 극적으로 변화시키는 기회는 늘 '한 발자국' 거리에 있다는 것을.

알코올 중독자였던 내 아버지가 술을 끊는 데 성공한 비결은 매일 아침 일어나 '오늘 하루만 더 술을 마시지 않는다!'를 실행에 옮긴 데 있었다. '오늘 하루만 더!'를 통해 아버지는 술과 함께 지리멸렬했던 삶까지도 끊어냈다.

내가 이 책을 쓴 이유가 여기에 있다. 오랜 방황과 시행착오를 통해 나는 먼 곳이 아니라 가까운 곳에 집중하는 법을 배웠고, 이 집중력이 승리를 불러온다는 것을 당신에게 알려주기 위해서다.

사람들은 목표를 이루고 성공하려면 뼈를 깎는 고통과 시련을 극복해야 한다고 생각한다. 각고의 노력 끝에 성공을 얻은 다음에야 비로소 신나는 삶을 보상으로 만끽할 수 있다고 믿는다.

나도 처음에는 그랬다. 하지만 점점 나는 성공과 승리까지 가는 길이 모진 인내로 다져진 것이 아니라, 매력과 즐거움으로 가득찬 길이라는 사실을 깨닫게 되었다. '한 번 더'로 시작하면 고통보다는 뿌듯한 성취감을 얻게 되고 자기 자신에 대한 대견함과 믿음이 강화된다는 사실을 알게 됐다.

자신이 가고 있는 길 위에서 고통, 좌절, 두려움과 싸우는 사람보다 매력, 즐거움, 재미, 성취감, 보람을 발견하는 사람이 그 길을 완주할 가능성이 높다. 나는 이 깨달음을 이 책을 통해 당신과 나누고자 한다.

'한 번 더'를 습관화하면 미처 생각지도 못했던 당신의 재능을 새롭게 발견하게 된다. 나아가 세상이 당신에게 선물한 행운과 축복 또한 찾아낼 수 있다. 이는 모두가 '오늘은 여기까지만!' 이라고 만족하며 멈춰섰을 때 거기서 한 걸음 더 나간 사람만이 누리는 특권이다.

'한 번 더'의 습관은 당신을 개방적인 자세로 일에 몰입할 수 있게 만든다. 이를 통해 다른 사람보다 훨씬 더 많은 변화의 기회를 만나게 된다.

다시 한 번 말하지만, '한 번 더'의 습관은 목표로 가는 길 위에 놓인 저항과 장애를 유쾌하고 즐겁게 통과할 수 있게 만든다. 목표를 이루고 성공하는 것이 세상에서 가장 신나는 일임을 생생하게 깨닫게 한다. '한 번 더'의 습관은 하기 싫은 일을 억지로 하는 삶에서 열망하는 일에 집중하는 삶으로 당신을 초대한다.

당신이 운동선수이든 CEO이든 스타 직장인이든 대학생이든 햇병아리 부모이든, 상관없다. 한 번 더 생각하고 한 번 더 실행하면 당신의 삶은 완전히 바뀐다. 이 책을 쓰기 전에 나는 모래알처럼 많은 평범한 존재에 불과했다.

지금껏 눈에 띄지 않게, 평범하게 살아왔는가?

이 책을 탐독하라.

당신과 나는 많이 닮았다는 것을 잊지 말기 바란다.

내가 할 수 있었다면, 당신도 분명히 할 수 있다.

차례

머리말 : '한 번 더'를 누적하라, 마법이 일어날 것이다　　　　　004

1장　당신의 정체성에 '한 번 더'를 장착하라　　013

인간의 정체성은 유아기에 형성된다 | 성공은 되돌아가지 않는 것이다 |
정체성 전환의 3가지 핵심 요소 | 모두가 여기서 끝낼 때 '한 번 더' 하라
| 나는 나다

2장　'한 번 더' 매트릭스를 가동하라　　035

불릿 타임을 활용하라 | 당신의 매트릭스는 어떻게 작동하는가 | 올바른
씨앗을 심어라 | 확증편향의 강력한 힘을 누려라 | 당신의 매트릭스는
오직 당신만의 것이다 | 가장 유리한 매트릭스를 짜라

3장　'한 번 더 시도'를 축적하라　　057

피냐타 터트리기 | '한 번 더 시도'는 이기는 재미를 축적한다 | 최고조에
도달하라 | 삶은 기회를 주지 않는다

4장　나의 하루는 72시간이다　　075

새로운 시간표를 짜라 | 시간은 당신에게 가장 소중한 자산이다 | 시간
관리 시스템의 5대 원칙 | '한 번 더' 살라, 당신의 시간을

5장 감정의 지배자, '한 번 더'의 생각 습관 095

감정의 집 청소하기 | 감정의 DNA 이해하기 | 감정의 틀을 재구축하라 |
감정에게 출입구를 만들어주어라 | 환대하라, 나를 찾아오는 감정들을 |
'한 번 더' 의식적으로 찾아라 | 감정을 다스리는 4가지 지혜

6장 '한 번 더' 당신의 사람을 만들어라 111

당신의 사람이 곧 당신이다 | 과녁 안의 원들을 점검하라 | 뇌는 언제나
친밀함을 향한다 | 핵심 그룹의 오디션 전략

7장 매일 '한 번 더' 꿈을 꾸어라 125

당신이 꿈꾸는 세계로 들어가라 | 악몽은 꿈이 아니다 | 싸울 것인가, 도
망칠 것인가 | 누구나 겨우 한 걸음 나갈 뿐이다 | 유쾌한 쓰레기를 쌓아
가라 | 매일 한 뼘 더 성장하라 | 오래된 습관을 떠나라

8장 스스로에게 던지는 '한 번 더'의 질문 141

올바른 질문을 던져라 | 삶을 바꾸는 '한 번 더'의 질문들 | 두려움이 사
라진 삶을 상상해보라

9장 '한 번 더' 목표를 이루어라 153

기준과 목표의 관계 | 단순하고 유연하게 생각하라 | 절정의 상태로 만
들어라 | 설득력 넘치는 이유를 실어라 | 믿는 대로 이루리라 | 다양한
시간대에 걸쳐라 | 실현 불가능한 것을 얻는 법

10장 **더 높은 기준으로 떠나라** 173

목표와 기준의 차이 | 최고들에게는 최고의 기준이 있다 | '한 번 더' 상호작용을 점검하라 | 당신의 뇌를 믹서기로 생각하라 | 지금 더 높은 기준을 향해 가고 있는가? | 탁월한 기준을 만드는 9가지 방법 | 고독한 높이뛰기 선수가 되어라 | 기대 이상의 삶 vs 기대 이하의 삶

11장 **'한 번 더' 불가능한 것을 추구하라** 191

생각이 실행을 규정한다 | 불가능과 가능은 한 걸음 차이다 | 무성영화 감상 전략 | 바퀴를 정렬하라

12장 **'한 번 더' 새로운 습관을 찾아라** 203

습관을 보면 인생이 보인다 | 우리는 지속적인 것을 원한다 | 습관은 과학이다 | 유발 인자, 행동, 보상

13장 **어떻게 최고의 역량을 끌어낼 것인가** 219

팀워크의 놀라운 매직 | 최고의 멀티플라이어, 톰 브래디 | 승수효과를 극대화하는 8가지 리더십

14장 **'한 번 더' 어려운 일을 하라** 231

어렵고 불편한 것을 먼저 하라 | 기꺼이 논란에 휩싸여라 | 누구도 흉내 내지 않는, 누구도 흉내 낼 수 없는 | 문젯거리와 도전 과제의 차이 | 불편한 관계를 모색하라 | 침착하게 기뻐하고 침착하게 슬퍼하라

15장   **당신의 '한 번 더'가 당신의 천 마디를 이긴다**   245

큰 꿈을 알려주어라 | 달란트를 발견하라 | '한 번 더' 숙고해야 할 6가지 욕구 | 어떤 선장이 될 것인가 | 모든 시선은 당신을 향한다

16장   **성공하는 사람들의 11가지 리더십 원칙**   259

1 에반젤리스트가 되어라 | 2 디테일을 챙겨라 | 3 끊임없이 발탁하라 | 4 믿고 사랑하고 보여주어라 | 5 일관성 있는 메시지를 간결하게 전달하라 | 6 쿨하게 인정하라 | 7 대의와 사명을 펼쳐보여라 | 8 솔직하게 사과하고 모르는 척 넘어가라 | 9 문화를 창조하라 | 10 성공에 필요한 자원을 제공하라 | 11 무브먼트를 만들어라

17장   **'한 단계 더' 인생을 올려주는 힘, 평정심**   275

결정적인 순간 고요해지는 지혜 | 사로잡히지 않는 것, 그것이 인생의 최고선이다 | 평정심은 평생의 목표다

18장   **'한 번 더' 기도하라**   285

먹고 마시고 기도하라 | 믿음은 뛰어드는 용기다 | 당신은 절대 혼자가 아니다 | 믿음과 에너지, 양자과학을 연결하기 | 당신은 항상 사람들이 뭔가를 느끼게 만든다 | '한 번 더' 기도의 힘

19장   **마지막으로, 한 번 더!**   301

1장

당신의 정체성에
'한 번 더'를 장착하라

시간이 흐르면 자연히 변한다고 하지만,
당신 스스로를 바꾸지 않으면 아무것도 변하지 않는다.

_앤디 워홀

‘한 번 더’ 생각하고 실행하는 사람이 된다는 것은 어떤 의미일까?

가장 먼저 떠오르는 것은 ‘정체성identity’이다. 당신의 정체성은 삶의 모든 부분의 결과를 좌우하는 강력한 원동력이다. 정체성은 당신이 얻을 수 있는 성공과 부, 성취의 한계를 규정한다. 동시에 당신의 감정과 대인관계, 자긍심의 질적 수준을 통제한다.

나아가 정체성은 당신이 현재 가장 진실하게 유지하는 생각과 개념, 믿음이다. 예를 들어 당신은 상대에 따라 당신의 표정이나 행동을 얼마든지 꾸며낼 수 있다. 하지만 결코 자기 자신은 속이지 못한다. 당신의 마음 깊은 곳에서는 무엇이 진실인지 분명하게 알고 있기 때문이다. 달리 말해 정체성이란, 당신이 ‘당신 자신에 대해 진실하게 믿고 있는 것’이라고 할 수 있다.

자신에 대한 믿음을 바꾸면, 삶이 바뀐다. 즉 변화를 원한다면 먼저 '정체성'을 변화시켜야 한다. 그럼에도 많은 사람들은 자신의 한계에 대한 믿음은 그대로 유지한 채 변화된 삶을 갈망하는, 모순에 찬 삶을 살아간다.

다시 강조한다.

정체성이 바뀌어야 삶이 바뀐다. 정체성이 바뀌지 않으면 아무것도 바뀌지 않는다.

따라서 당신은 매일 이렇게 질문을 던져야 한다.

'목표를 위해 나를 바꿀 수 있는가?'

그리고 서슴없이 '물론이고말고!'라는 답이 즉각 나와야 한다.

목표를 이루려면 목표를 바꿔서는 안 된다. 앤디 워홀Andy Warhol이 말했듯 '나를 바꿔야 한다.' 나의 정체성을 바꿔야 한다.

하지만 목표에 자신의 정체성을 맞추는 것이 아니라 자신의 정체성에 목표를 맞추는 실수를 저지르는 사람들이 많다. 정체성을 유지하고자 하는 사람은 성장을 멈춘 사람이다. 계속 성장하고 시야를 넓히고 배우는 사람은 끊임없이 자신의 정체성을 재설정할 줄 안다. 충만한 성공과 행복은 이 재설정 과정에서 탄생한다.

정체성을 바꾸면 우리 삶에 등장하게 될 놀라운 것들을 향해 다가갈 수 있는 길이 열린다. 나는 수많은 강연과 인터뷰, 방송에서 한결같이 강조한다.

"당신의 내면에 '한 번 더'의 정체성을 세팅하라."

'한 번 더'의 정체성을 장착하면 태어난 후부터 지금까지 줄곧 당신에게 '한계'를 주입시켜온 외부의 힘에서 자유로워진다. '한 번 더'의 정체성은 당신의 내면에 담긴 모든 메시지를 장악함으로써 당신에게 삶의 주인으로 살아갈 '통제력'이라는 재능을 선물한다.

인간의 정체성은 유아기에 형성된다

어릴 때 인간은 그야말로 백지 상태라고 할 수 있다. 감수성은 그 어느 때보다 예민하고 항상 즐겁고 무엇이든 잘 받아들인다. 어린 인간은 외부 세계가 어떤 방식으로든 자신에게 악영향을 미칠 것이라고 믿을 이유가 없다. 왕성한 흡수력을 가진 아이는 점점 자라면서 부모, 친구, 교사 등등에게서 배운 것에 기초해 외부에 대응하는 법을 활발하게 익힌다.

물론 우리를 둘러싼 사람들은 대체로 좋은 의도를 갖고 있다. 그렇다고 그들이 알려준 것들이 늘 옳은 것은 아니다. 진실은 '그 누구도 항상 옳지는 않다'는 것이다.

어릴 때 우리는 옳고 그름에 상관없이 많은 것들을 받아들였다. 따라서 우리의 정체성은 타인이 우리에게 영향을 준 방식의 좋은 부분과 나쁜 부분이 합쳐진 것이다. 불행히도 어린 시절 우리는 무방비 상태였다. 옳고 그름을 가려내는, 그래서 살아남는 데 필요한 도구를 제공해줄 비판적 사고 능력을 갖추지 못했다.

'네게 공부머리는 없구나.'
'어차피 노력해봤자 재능 있는 친구들을 이기는 건 불가능해.'

'이걸 해내기에는 네 멘탈이 너무 약한 것 같은데?'

결국 이 같은 외부의 평가가 점점 나이를 먹어갈수록 우리의 정체성 중 일부로 뿌리를 내리고 만다. 우리에게 내려지는 부정적 평가들을 부인하거나 반박할 능력이 처음부터 없었기 때문이다.

그 결과, 성장하면서 우리는 '가능성'보다는 '한계'에 익숙해지기 시작한다. 한계가 우리의 강력한 정체성으로 굳어진다. 그 한계가 대체 어디서 온 것이고, 누가 왜 설정해놓은 것인지도 모르는 채. 자신의 정체성을 의심할 만큼 충분한 나이가 들었음에도 선택의 여지가 없었던 시기에 받아들인 정체성에서 헤어나지 못한다. 이 때문에 엄청나게 많은 사람들이 삶을 망치고 실패하는 데도 정확하게 그 이유를 알지 못한다.

하지만 '한 번 더'의 습관을 갖게 된다면, 당신의 정체성은 획기적으로 바뀔 수 있다.

그 이유는 다음과 같다.

성공은 되돌아가지 않는 것이다

당신의 정체성은 당신의 삶과 성과를 통제한다. 정체성은 일종의 '자동 온도조절기'다. 당신 내면의 온도조절기가 당신 삶의 조건들을 설정한다.

어떤 방에 들어갔을 때 너무 덥거나 추우면, 당신은 자연스럽게 에어컨이나 보일러의 온도조절기를 찾는다. 바깥 날씨가 어떻든 상관없다.

예를 들어 외부 기온이 섭씨 40도라면 당신은 에어컨을 가동해 실내 온도를 24도로 낮출 수 있다. 외부 기온이 영하를 기록하고 있을 때도 마찬가지다. 히터를 가동해 실내 온도를 24도로 높일 수 있다.

인간의 삶도 이와 똑같다.

당신이 언제나 24도로 사는 사람이라고 해보자. 그렇다면 당신은 그 온도를 유지하기 위해 삶이 너무 뜨거울 때는 내면의 자동온도조절기를 가동해 식히고, 너무 차가울 때는 데울 것이다. 즉 당신의 삶은 늘 24도 정도의 적절함을 유지할 것이다. 당신이 이룬 성과가 당신의 정체성을 폭발적으로 넘어서려고 할 때마다 온도조절기를 가동해 이를 당신이 받을 만하다고 생각하는 수준으로 낮춰버릴 것이다. 나아가 삶이 얼음장 같은 바닥을 찍고 폭발적으로 튀어오르는 경험 또한 당신은 하지 못할 것이다. 언제나 24도에 맞춰놓은 채 하루, 한 주, 한 달, 1년을 살아갈 것이다. 어떤 모험도, 어떤 결단도, 어떤 도약도 당신이 맞춰놓은 '한결같은 24도의 삶'에서는 일어나지 않을 것이다.

그렇다면 어떻게 해야 하는가?

정체성의 온도를 확 끌어올려야 한다. 승진, 사랑하는 사람과의 결혼, 고학력 등등이 당신의 정체성을 결정하는 것이 절대 아니다. 오로지 당신 내면의 온도조절기만이 당신의 정체성을 규정할 뿐이다. 정체성의 온도를 획기적으로 끌어올리지 않으면 당신의 삶은 점점 24도 이하의 수준으로까지 추락하고 말 것이다.

성공은 정체성의 온도와 정비례한다. 정체성의 온도가 높으면 높을수록 당신은 강해진다. 한계 조건들을 극복해낸다. 나아가 외부 조건들에 휘둘리지 않는 삶을 구축하는 것, 그것이 곧 성공이다.

당신은 모두가 부러워하는 뛰어난 재능, 지식, 사고력의 소유자일 수도 있다. 하지만 그것들이 높고 담대하게 설정된 정체성 수준에서 활용되지 못하면 당신은 결코 목표에 이르지 못한다. 이것이 성공하는 사람들이 갖고 있는 제일의 원칙이다.

예를 들어 당신의 피트니스 정체성을 생각해보라.

당신은 노력 끝에 10킬로그램을 감량하는 데 성공했다. 하지만 1년 후 당신은 예전 체중으로 복귀한다. 왜 이런 일이 벌어질까? 당신이 선택한 다이어트 식단이나 운동 방법에 문제가 있었기 때문일까? 아니다. 당신의 정체성 조절기가 24도에 맞춰져 있기 때문이다. 10킬로그램을 감량하는 것이나 10킬로그램을 증량하는 것이나, 24도 범위 안에서 적절히 이루어지는 일이기에, 당신은 늘 10킬로그램을 뺐다가 다시 돌아오는 일을 반복하고 있는 것이다.

체중 감량에 성공하고 싶다면 다시는 예전으로 돌아오지 못할 정도로 정체성의 온도를 확 끌어올려야 한다. 그때 비로소 당신이 선택한 다이어트 식단과 운동이 빛을 발한다. 24도에 맞춰진 삶은 제아무리 뛰어난 다이어트 레시피와 운동 방법이 동원되어도 언제나 예전으로 돌아간다.

가장 심각한 것은 이것이다.

당신은 초콜릿이나 단 음식을 먹으며 생각한다.

'또 빼면 되지, 뭐. 10킬로그램이나 뺀 적이 있잖은가!'

다시 강조한다.

성공이란, 절대 예전으로 돌아가지 않는 것이다. 적당한, 적절한 온도 범위 안에서 사는 사람은 유혹에 쉽게 빠지고, 그 유혹에서 벗어나기 무섭게 다시 예전의 온도 설정으로 돌아간다.

실패하는 사람은 언제나 '돌아갈 길'을 찾는 데 뛰어나다.

또 다른 예를 들어보자.

당신은 현재 10만 달러의 연봉을 받는 괜찮은 직장인일 수도 있다. 종종 당신은 100만 달러, 1,000만 달러의 은행 잔고를 상상하며 미소를 짓곤 한다. 하지만 당신의 상상은 현실로 이루어지지 않는다. 왜? 10만 달러의 연봉에 그럭저럭 만족하고 있기 때문이다. 부의 다음 단계로 나갈 의지가 크게 없기 때문이다.

물론 당신은 큰 행운을 통해 1,000만 달러를 벌 수도 있다. 하지만 당신의 정체성을 1,000만 달러의 가치로 끌어올리지 않으면, 결국 당신의 정체성 조절기는 10만 달러의 수준으로 당신의 삶을 돌려놓을 것이다.

고액 복권에 당첨된 사람이 얼마 못 가 모든 돈을 탕진하는 경우를 떠올려보라. 1,000만 달러를 버는 것이 중요한 게 아니다. '1,000만 달러짜리 정체성'을 먼저 갖추는 것이 이 세상 모든 성공의 핵심이다. 몇 년이 걸린다 할지라도 내면의 온도 조절기를 획기적인 수준으로 끌어올리는 노력을 기울여야 한다. 그렇지 않으면 당신은 10만 달러를 벌든 1,000만 딜러를 벌든, 사는 내내 재정적 어려움을 겪게 될 것이다.

정체성의 수준을 획기적으로 끌어올리는 바로 그 순간, 우리는 '기회'를 발견하게 된다. 상상이 현실로 이루어질 기회가 반드시 찾아온다.

우리는 대부분 이미 성공에 대한 정보, 코칭, 전략 등을 충분히 확보하고 있다. 그러므로 성공을 가로막는 장벽은 오직 우리의 내면에서 발견될 뿐이다. 바로 이 장벽 때문에 우리는 성실하고 올바르게 일하면서도 원하는 결과는 얻지 못한다.

반드시 기억하라.

앞으로 한 걸음 나가는 가장 탁월한 방법은 한 걸음 물러나는 것을 차단하는 것이다. 예전으로 돌아가는 퇴로를 끊어내는 순간 당신은 무조건 앞으로 전진하게 된다.

적당한 온도를 찾지 마라. 매 순간 가슴이 뜨겁게 타오르는 온도에서 살아남아라. 24도의 피트니스와 부로는 38도의 피트니스와 부를 달성할 수 없다. 성장과 변화를 끌어내는 새로운 차원의 정체성을 만들어내지 않으면 당신은 영원히 상상과 현실 사이에 갇히고 말 것이다.

정체성의 온도를 끌어올리면 그만큼 더 많은 곳에서 성공을 맛볼 것이다. 주변의 성공하는 사람들을 관찰해보라. 그들은 일, 가정, 자기계발, 건강, 대인관계 등 모든 분야에서 각별한 인정을 받고 있지 않은가? 정체성을 끌어올리면 더 높은 곳에서 더 많은 곳에 숨은 기회를 발견해낼 수 있기 때문이다.

흔히 우리는 실패했을 때 그 이유를 외부 조건과 환경에서 찾는다.

'허리를 삐끗하는 바람에 8주나 운동을 못 했어. 그래서 이렇게
살이 찐 거야.'

'내가 주식 투자에 실패한 건 아무도 예측하지 못한 코로나 팬

데믹 때문이야. 그것만 없었으면 100만 달러는 충분히 벌었을 텐데.'

내면의 온도조절기가 충분한 높이로 설정되어 있다면 이런 결과는 우연이나 불운이 아니라 일시적인 좌절에 지나지 않을 뿐이다.

'한 번 더' 생각하고 실행하는 사람은 이런 시련을 목표로 가는 길에서 필연적으로 만나는 과속방지턱 정도로 여길 것이다. 일시적인 좌절을 맛본다 해도 이를 끝없는 실패에 대한 핑계로 삼지 않을 것이다. 이 시련과 좌절을 넘어서면 결국 획기적인 온도의 삶에 도착한다는 것을 잘 알고 있기 때문이다.

당신이 원하는 변화는 '한 번 더' 생각하고 '한 번 더' 행동하는 데서 출발한다는 것을 절대 잊지 마라. 그러면 당신 내면의 온도조절기는 매번 쉽게 돌아가고 마는 적당하고 평범한 수준에 설정되지 않을 것이다.

아침에 일어나면 다음의 질문을 자신에게 던져라.

'나는 현재 내가 그토록 원하는 것을 얻을 자격이 있는가? 오늘 하루, 나는 한 걸음 앞으로 나갈 것인가, 한 걸음 물러날 것인가?'

정체성 전환의 3가지 핵심 요소

삶의 변화는 정체성의 변화에서 출발한다는 사실을 받아들였는가? 그렇다면 이제 새로운 정체성을 창조하기 위해 내면의 온도조절기를 어떻게 재설정할 것인가에 집중해야 한다.

이 질문에 대한 답은 믿음faith과 목적intention, 연대association라는 3대 핵심 요소에 기반한다.

타의 추종을 불허하는 믿음

《성서》의 〈마태복음〉에는 다음의 구절이 담겨 있다.

"진실로 너희에게 이르노니, 만일 너희에게 믿음이 겨자씨 한 알만큼만 있어도 이 산을 명하여 여기서 저기로 옮겨지라 하면 옮겨질 것이요, 또 너희가 못 할 것이 없으리라."

산을 옮기는 열쇠는 출중한 재능이나 능력이 아니다. '믿음'이다. 당신의 온도조절기에도 같은 이치가 통한다. 즉 당신의 정체성도 믿음만 있다면 얼마든지 새로운 위치로 옮길 수 있다는 뜻이다.

당신이 종교를 가진 사람이라면 기독교, 불교, 힌두교, 이슬람교, 유대교 등등 그 어떤 신앙을 막론하고 신이 당신을 사랑한다는 사실을 믿을 것이다. 그렇다면 당신은 다음의 사실 또한 믿어야 할 것이다. 당신의 신이 당신을 24도의 삶을 살도록 만든 것이 아니라는 것을.

당신의 신은 원할 것이다. 인생의 큰 산들을 여기서 저기로 자유롭게 옮길 수 있다고, 당신이 당신 스스로를 굳게 믿어 의심치 않기를.

우리는 흔히 무엇인가를 '믿는다'는 말을 너무 가볍게 던지는 경향이 있다. 신을 믿는다고 말하며 경전을 읽고 예배에 나가고 성실하게 봉사하는 사람들을 주변에서 어렵지 않게 찾을 수 있다. 하지만 그 선한 믿음을 착실하게 교회에 다니는 것을 넘어 자신의 건강이나 재정, 사업에 대한 믿음으로까지 확대하는 사람은? 거의 없다. 어쩌면 우리는 '믿음'

이라는 가치를 너무 남발하며 살아가는지도 모른다.

당신의 정체성을 획기적으로 바꿔놓을 수 있는 열쇠 중 하나는, 삶의 모든 영역에서 높고 큰 산을 옮길 수 있을 정도의 당당하고 강력한, 타의 추종을 불허하는 믿음을 갖는 것이다.

목적이 이끄는 삶

캐나다의 철학자 앤서니 더글러스 윌리엄스Anthony Douglas Williams는 이렇게 말했다.

"우리의 행동이 선의에 기초할 때, 우리의 영혼은 후회하지 않는다."

새로운 정체성으로 삶을 이동시키고자 하는 자신의 목적, 가치 지향을 믿는 대신 그저 삶의 현재 위치에서 끝없이 자책하는 사람들이 너무나 많다. 자책과 후회, 탄식에서 비롯되는 모든 행동은 24도의 삶을 더욱 강화시킬 뿐이다.

우리는 다음과 같은 자책의 목소리에 얼마나 익숙해져 있던가?

'그때 내가 승진했더라면 지금 이렇게 자존감이 바닥을 치고 있지는 않을 텐데…'
'3년 전 이혼한 후 내 인생은 완전히 꼬였어.'
'카페를 열자마자 코로나가 대유행하기 시작했지. 역시 난 불 운의 아이콘이야.'

세상이 불공평해서 당신이 이런 자책을 하는 것이 아니다. 당신은 당신에게 가장 중요한 존재, 즉 당신 자신에 대해 공정한 평가를 하지 못하고 있는 것이다. 승진에서 탈락한 사람, 이혼한 사람, 코로나 팬데믹을 경험한 사람 들 중 이를 극복하고 성공한 사람이 자책하는 사람만큼이나 많다는 사실을 잊어서는 안 된다. 자책과 성공이 엇비슷한 비율이라면 당신은 둘 중 어떤 키워드를 선택해야 하겠는가?

자책은 삶의 도화지에 하향곡선을 그려 넣는다. 계속 하강하는 삶에서는 새로운 정체성 창조가 불가능하다. 자책과 좌절에 빠진 당신은 더 이상 세상과 어울리지 않고 깊은 수렁 속으로 틀어박힐 것이다. 그렇게 되면 이제 세상이 더 이상 당신을 호출하지 않을 것이다.

삶을 망치지 말고 지금 당신이 자책의 눈물을 연료 삼아 쓰고 있는 인생 시나리오를 팽개쳐라. 선한 행동을 하고 타인에게 봉사할 것이라고 스스로에게 외쳐라. 사업을 번창시킬 것이라고, 은행 잔고를 쌓아갈 것이라고 소리쳐라. 주변 사람을 소중히 대할 것이고 낯선 사람과 따뜻한 관계를 맺어나갈 것이라고 다짐하라.

이 약속들을 삶의 모든 부분에 반영한 다음, 무슨 일이 일어나는지 지켜보라.

자책이 아니라 목적, 가치 지향적 태도가 이끄는 삶은 새로운 정체성을 만드는 일에 당신의 온 마음을 쏟도록 만들 것이다. 당신의 뇌는 듣는 대로 작동한다. 당신이 끌어당기고 싶은 것을 말하면 뇌는 당신의 현재 모습에서 좋은 부분을 키워나간다. 그리고 시간이 지나면서 새로운 정체성 속에서 그것들이 모습을 드러낼 것이다. 가치 지향은 당신의 '정체성 은행' 잔고를 탄탄하게 쌓게 해줄 현금이다. 정체성 은행 잔고를 파탄으로 몰고 갈 대출이 아니다.

새로운 연대 구축

영성 작가 T. F. 하지T. F. Hodge는 이렇게 말했다.

"우리를 둘러싸고 있는 것은, 우리 안에 있는 것이다."

38도의 삶에서 활동하는 사람들과 어울리는 당신이 24도의 삶에 머무르는 건 불가능하다. 인간은 '근접성'에 강력한 영향을 받는다. 당신은 함께 어울리는 사람들의 특징과 행동, 믿음을 자연스럽게 흡수한다. 의식적이든 무의식적이든, 그들의 지식과 생각은 당신의 일부가 된다.

내면의 온도조절기를 획기적으로 높이고 정체성을 바꾸고 싶을 때 가장 먼저 해야 할 일은 당신 삶에 포함되어 있는 19도, 20도, 21도, 25도, 28도, 30도의 사람들과 작별 인사를 나누는 것이다.

쉽고 강력한 방법이지만 '결별'은 무척이나 어려운 일이다. 하지만 당신을 가두는 관계의 수렁에 빠지지 않으려면 반드시 채택해야 할 방법이다. 목표를 이루지 못하고 시간을 질질 끄는 삶의 대부분은 결별을 선택하지 않은 채 새로운 것에 도전하기 때문이다.

결별이 너무 어렵다면 대안이 있다. 상대의 온도조절기를 높여주는 것이다. 이는 가족이나 평생의 친구와 작별하기 어려울 때 가능한 접근 방식이다.

핵심은, 당신은 당신이 어울리는 사람들의 '반사체'라는 것이다. 서로의 내면 온도조절기를 높여줄 수 있는 관계를 구축하는 것, 이것이 새로운 정체성을 향한 첫걸음이다.

타의 추종을 불허하는 믿음, 목적이 이끄는 삶, 새로운 연대 구축으로 무장하면 당신은 이제 정체성 변화에 자신감 넘치는 발걸음으로 전진해나갈 수 있다.

모두가 여기서 끝낼 때 '한 번 더' 하라

정체성은 자신감과 어떻게 다른가?

정체성은 우리가 스스로 가치가 있다고 굳게 믿는 것이다. 우리 내면에 있는 온도조절기다. 그리고 자신감은 정체성을 실현하기 위한 수단이다.

자신감 넘치는 사람들에게는 공통된 습관 하나가 있다. 바로 '자기 자신과 한 약속을 지키는 능력'이다.

그렇다. 자신감이란 언제나 '자기 신뢰'의 형태를 띤다. 스스로를 책망하고 믿지 못하는 사람이 자신감에 넘칠 리는 만무하다. 삶은 자신감 없는 사람에게 어떤 자리도 내주지 않는다.

자신감 없는 사람은 당연히 행동에 나서지 않는다. 조금의 의심이라도 들면 공포로 마비되고 만다. '의심'은 당신의 온도조절기를 낮추는 외부 조건의 대표적 산물이다. 부정적 사고의 인큐베이터다. 의심이 당신의 생각을 지배하지 못하게 해야 한다. 즉 당신은 당신의 생각을 보호해야 한다. 당신 생각의 좋은 부분을 장악하려 침투한 잡초들을 뿌리 뽑아라. 마음의 잡초는 의심의 크기만큼 무성하게 자라난다. 동시에 자신감의 크기만큼 빠르게 사라진다.

의심, 불안, 나약한 태도를 제거하는 가장 간단한 방법은, 스스로에게 한 약속을 어떻게든 밀고 나가는 것이다.

여기 또 한 가지 중요한 사실이 있다.

자신감은 '우리 내면'에서 생성된다는 것이다. 외부로부터 선물 받는 것이 아니라 바로 내면의 감정이기 때문에, 당신은 자신에게 유리하도록 판을 짤 수가 있다.

시인 에머슨Ralph Waldo Emerson은 이렇게 말했다.

"네 뒤에 있는 것과 네 앞에 있는 것은, 네 안에 있는 것에 비하면 사소한 것이다."

잠시 책을 덮고 이 말을 깊이 새겨보라.

당신이 원하는 자신감이 어떤 것인지, 그 자신감을 어디에 어떻게 활용할 것인지의 판을 짤 수 있는 사람은 당신 자신뿐이다. 그런데 당신이 자신과의 약속을 깨버린다면? 바로 그 순간부터 자신감은 자취를 감춘다. 자신과의 약속을 깨는 순간부터 당신은 세상이 아니라, 경쟁자들이 아니라 오직 당신 스스로와 싸우게 될 것이다. 당신에게 꼭 필요한 다른 싸움을 위해 아껴놓은 에너지를 당신 스스로와의 싸움에 소진하고 말 것이다.

대부분의 인생 문제가 그렇듯, 자신과의 약속을 지킬 때 가장 힘든 것은 '첫 걸음'이다. 하지만 나는 장담한다. 당신의 생각 열차가 머릿속의 정거장을 벗어나자마자 당신은 행동에 필요한 동력을 반드시 발견하게 될 것이다. 새로운 첫 걸음을 떼면 새로운 과정이 펼쳐진다. 그 과정에 걸맞은 새로운 방법과 태도가 당신을 찾아온다. 그 방법과 태도가 당신의 열차를 달리게 해주는 탁월한 연료가 되어줄 것이다.

자신감의 반대편에는 '자기 파괴'가 존재한다.

자기 파괴는 우리 내면에 침투한 컴퓨터 바이러스와 같다. 삶의 중요한 순간에 앞으로 나가고자 할 때 기승을 부린다. 자기 파괴는 좌절, 낙담, 의심을 먹고 산다.

기업가 셰인 패리시Shane Parrish는 이렇게 말했다.

"낙관주의는 당신을 성공으로 이끌지 못할 수도 있다. 하지만 비관주의는 당신의 성공을 기필코 가로막을 것이다."

자기 파괴는 삶의 모든 성공과 행복을 부인하도록 당신을 이끈다는 사실을 명심하라.

완벽한 파트너를 만나 모두가 축복하는 결혼을 했지만 뜻밖의 불륜에 빠져 가정을 망치는 사람은 얼마나 많은가? 불철주야 노력해서 큰 돈을 모은 후 이를 마약이나 알코올에 빠져 탕진하는 사람은? 천부적인 재능으로 팬들의 기대와 사랑을 모았지만 어느 순간 경기장에서 사라져 팬들에게 그 이름조차 잊힌 스포츠 스타들은 밤하늘에 별만큼이나 많지 않은가?

그들은 전혀 예상치 못했던 불운이나 비극적인 사고 때문에 그런 결과에 도달한 것이 아니다. 그저 자신들이 받을 가치가 있다고 믿는 수준에 내면의 온도조절기를 맞췄을 뿐이다. 그들이 자기 파괴의 길을 걸은 것은 자신감 결핍 때문이다. 자신감과 정체성이 서로 균형을 이루지 못했기 때문이다. 드높은 자신감에 걸맞은 드높은 정체성, 새로운 정체성에 걸맞은 새로운 자신감이 없으면 우리는 결국 '되돌아간다.'

나는 자기 파괴적인 생각이 떠오르면, 심호흡하면서 주위를 환기한다. 그리고 천천히 그 생각을 마음속으로 기록한다. 그런 다음 이를 시각화해 마음속에서 도려내는 내 모습을 바라본다. 처음에는 생각을 기록한 다음 이를 도려내도 그 잔상이 마음에 여전히 남는다. 하지만 이 방법을 반복하는 동안 그 생각은 점점 희미해지다가 더 이상 보이지 않게 된다. 더 이상 그 생각의 잔상이 보이지 않는다는 것은, 그 생각이 내 마음에서 완전히 쫓겨났다는 것을 의미한다. 자기 파괴적인 생각이 침투하는 것은 막을 수 없다. 하지만 그 생각이 힘을 발휘하지 못하도록 막는 것은 충분히 가능하다.

'한 번 더'의 습관과 태도를 새로운 정체성에 장착하면 자신과의 약속을 지키는 것이 획기적으로 쉬워진다. '모두가 여기서 끝내고자 할 때 나는 한 번 더 한다'는 약속을 지키면 당신은 세상에서 가장 강력한 자신감으로 무장한 채 새로운 정체성을 향해 누구보다 빠르게 질주할 수 있다.

나는 나다

당신이 다음의 정체성에 관한 오해들을 정확하게 인지하고 거부한다면, 새로운 정체성을 만드는 데 분명 힘이 될 것이다.

• **내가 소유한 것이 나다.** 사람들은 대부분 이렇게 생각한다. 더 많은 것을 소유할수록 자신감이 높아지고 새로운 정체성 또한 더 완벽해질 것

이라고. 하지만 이는 착각에 불과하다. 물질적 풍요를 추구하는 것은 잘못된 태도일 리 없다. 다만 자신감과 정체성은 내가 지금 갖고 있는 돈이나 부와는 별 상관이 없다. 나는 물질적 부를 자신감과 정체성과 연결하지 않고 의식적으로 분리한다. 당신 또한 마땅히 그래야 한다.

• **내가 성취한 것이 나다.** 성과를 내세우면 겸손함을 잃게 된다. 또한 끝없이 성과, 성과, 성과에 집착하면서 삶의 더 큰 가치와 더 깊은 의미를 잊고 만다. 특히 과거의 화려한 성과를 현재의 상처 난 자존심을 부축하는 데 사용하다가는 맥없이 쓰러지고 말 것이다.

'내가 왕년에 얼마나 많은 계약을 따냈는지 알아?'

'두고 봐, 정말 보란 듯이 다시 일어나 나를 비웃던 놈들의 코를 납작하게 해줄 테다!'

이런 태도는 끔찍하다. 단순하게 생각하라. 당신은 그냥 당신일 뿐이다. 당신은 물질을 추구하고 성과를 내는 것보다 더 훌륭한 일을 하기 위해 이 세상에 왔다. 그러니 그저 훌륭한 일을 시도하라. 작은 성취가 아니라 위대한 성취에 도전하라. 유명한 사람보다는 빛나는 사람이 되어라.

• **다른 사람들이 나라고 말하는 것이 나다.** 틀렸다. 이런 믿음은 자신감의 본질이나 새로운 정체성의 모색을 내면화하는 일과 모순된다. 자존심은 잊어라. 당신의 가치를 소셜 미디어 따위의 인기에 두지 마라. 칭찬을 구걸해서도 안 된다. 그것은 인생을 값싸고 궁핍하게 사는 방식이

다. 만약 그렇게 살고 있다면, 당신은 자신감을 개선하고 새로운 정체성을 설계하는 일과는 정반대의 길을 가고 있는 셈이다.

• **내가 어떻게 보이는지가 가장 중요하다.** 외모의 함정에 빠지는 사람들이 정말 많다. 하지만 진정한 아름다움은 내면에서 나오는 법이다. 당신의 아름다움은 당신의 영혼과 가치 지향, 타인에게 내어주는 능력, 사람들을 대하는 방식, 믿음, 따뜻한 마음씨에서 나온다. 체중 감량, 멋진 옷에 신경 쓰는 일이 나쁘다는 것이 아니다. 다만 욕실 거울에 비친 모습이 아니라 당신의 내면에 깃든 아름다움이 당신의 정체성을 규정하는 삶을 살고 있다면, 당신은 이미 간절히 원하던 정체성을 얻은 것이다.

다시 강조하지만 '새로운 정체성'을 창조해내는 것이 가장 중요하다. 이를 위해 내면의 온도조절기를 한껏 끌어올려라. 믿음과 목적, 연대라는 3가지 핵심 요소를 지혜롭게 활용하고 자신감을 연료로 삼아라. 이를 계속 실천해 나가면 최선의 삶으로 안내하는 길을 쉽게 찾아낼 수 있을 것이다.

2장

'한 번 더' 매트릭스를
가동하라

이번이 마지막 기회야. 그 후에는 돌이킬 수 없어.

파란 약을 먹으면 이야기는 여기서 끝나지.

여느 날처럼 침대에서 일어나 네가 믿고 싶은 것만 믿으면 되는 거야.

하지만 빨간 약을 먹으면 이상한 나라에 남게 될 거야.

그러면 토끼굴이 얼마나 깊은지 보여주지.

_영화 〈매트릭스〉의 모피어스

나는 영화 〈매트릭스The Matrix〉의 열렬한 팬이다. 1999년에 개봉된 이 작품은 '한 번 더'라는 교훈에 딱 들어맞는 영화다.

〈매트릭스〉는 키아누 리브스Keanu Reeves가 열연한 컴퓨터 프로그래 머 토머스 앤더슨에 관한 흥미진진한 이야기를 펼쳐보인다. 토머스는 '네오'라는 해커로 이중생활을 하는 인물이다. 네오는 '매트릭스'라고 알려진 인간의 삶을 관리하는 인공지능을 파괴하기 위해 전설적인 해 커 모피어스와 힘을 합친다. 매트릭스를 보호하려는 인공지능 요원들 과 싸울 때 네오는 자신조차 몰랐던 초인적 능력을 보여주기 시작한다. 이는 그가 특별한 '한 사람The One', 또는 매트릭스를 파괴하도록 선택 받은 인간일 수 있다는 사실을 가리키는 증표다.

'한 사람'이란 말을 들었을 때 당신이 뭔가 마음에 감응을 얻었기를 바란다.

한 가정의 모든 것을 완전히 바꿔놓을 수 있는 한 사람, 삶의 모든 부분을 획기적으로 변화시켜놓을 수 있는 한 사람, 수많은 사람의 생각을 혁명적으로 바꿔놓을 수 있는 한 사람.

참혹한 절망에 빠진 인류를 구원해낸 네오, 당신도 그 네오가 될 수 있다. 지금 행복하고, 성공가도를 달리고, 꿈을 이루고 사는 사람들을 바라보고 있는가? 그렇다면 반드시 알아야 한다. 그들이 처음부터 행복과 성공과 꿈을 손에 넣은 사람들이 결코 아니라는 것을. 그들은 어느 순간 내면에 잠들어 있던 '네오'를 깨워냈기에 그 모든 변화가 가능했다.

그들은 재테크에 탁월했기 때문에 부자가 된 것이 아니다. 갑작스러운 깨달음을 얻어 행복해진 것이 아니다. 그들은 '싸울 준비가 되어 있는 네오'로 변신하는 데 성공한 것이다. 그들은 기꺼이 삶을 완전히 바꿔놓을 '한 사람'이 되었던 것이다.

'당신은 이미 당신 자신의 매트릭스에서 살고 있다.'

내가 이렇게 말하면 당신은 어떤 기분일까? 만일 내가 당신의 내면 깊숙한 곳에서 당신 삶의 일부분을 늦추는 어떤 힘이 작용하고 있고, 그 힘이 당신의 의식 속에 프로그램되어 있는 것을 해석·강화하고 있다고 말하면 당신은 어떤 느낌일까? 당신은 이런 일이 일어나고 있다는 것을 짐작조차 못 할 것이다.

하지만 사실이다.

당신의 매트릭스는 간단히 '라스RAS'라고 줄여 말하는, '망상체활성계 reticular activating system'를 좀 더 구어적으로 부르는 명칭이다. 라스는 당신의 삶에서 중요한 것들에 무게를 부여하고, 그렇지 않은 것들은 걸러내는 역할을 한다. 라스는 '한 번 더'의 개념과 긴밀한 관계가 있다.

라스는 과학적 개념이기에 딱딱하고 어려울 수 있다. 따라서 매트릭스를 하나의 예로 활용하면서 좀 더 쉽게 접근해보고자 한다.

가장 먼저 다음의 문장을 명심하라.

'라스를 당신의 삶에서 가장 중요한 것을 추려내는 여과장치로 생각하라.'

당신이 요즘 파란색 밴을 한 대 사고 싶어한다고 해보자. 이 생각을 한 후부터 어디에서든 파란색 밴이 당신 눈에 잘 띄기 시작할 것이다. 고속도로에서 3개 차선 넘어 보일 수도 있고, 아이들을 학교에 태워다줄 때 발견할 수도 있다. 생각에 잠겨 걷다가 문득 고개를 들어보니, 저 만치 길모퉁이를 막 돌아가고 있는 파란색 밴의 뒤꽁무니를 놓치지 않고 목격할 수도 있다.

무슨 말인지 알겠는가?

파란색 밴은 언제 어디서든 당신 주변을 지나고 있는 중이다. 다만 예전에는 당신이 별로 주목하지 않았을 뿐이다. 그러다가 그것들이 유난히 자주 눈에 들어오는 이유는 파란색 밴들이 당신 라스의 일부가 되었기 때문이다. 즉 파란색 밴이 당신에게 중요해진 이후, 당신의 의식 속으로 필터링을 거쳐 들어온 것이다.

이는 삶의 다른 부분으로 확장된다. 고객, 건강 수준, 인간관계, 당신이 원하는 감정 등등이 곧 파란색 밴이 될 수도 있다. 이것들 또한 늘 존재해왔지만 그동안 신경 쓰지 않았던 이유는 당신의 라스로 프로그래밍되지 않았기 때문이다. 예전에는 이것들이 당신에게 별로 중요하지 않아 걸러냈을 뿐이다.

파란색 밴은 당신에게 어떻게 중요성을 획득하는가? 반복적인 시각화와 생각을 통해서다.

시각화와 생각은 당신이 무엇을 듣고 찾고 느껴야 하는지 당신의 라스에게 가르쳐준다. 당신의 마음은 가장 '낯익은 것'을 향할 수밖에 없기 때문이다.

당신이 뭔가를 반복해서 시각화하고 강박적으로 생각하고 있다는 것은, 당신이 당신의 라스에게 '그 생각에 주목하라'고 지시를 내렸기 때문이다. 바로 그 순간, 세상은 느리게 흘러간다. 〈매트릭스〉에서 네오가 총알이 날아드는 찰나의 시간을 느릿느릿하게 만들어 멋지게 허리를 젖히며 그것을 피한 것처럼.

이것이 라스의 작동 방식이다.

파란색 밴이 당신의 삶을 바꿔놓을 만한 가치가 있는 것이라면, 그래서 당신의 라스를 향해 인생의 파란색 밴에 더 초점을 맞추도록 올바르게 지시할 수만 있다면, 당신의 삶은 놀랍게 변하기 시작할 것이다.

이제 알겠는가?

'한 번 더'의 사고를 하는 사람은 그렇지 않은 사람보다 자신의 라스에게 탁월한 지시를 내릴 가능성이 크다. 이를 통해 자신이 살고 있는 매트릭스와 조화를 이루는 법을 배운다. 그리고 마침내 삶에 힘을 실어줄 기회와 결과를 만들어낸다.

불릿 타임을 활용하라

네오는 날아오는 총알을 피할 수 있는, 즉 시간을 늦출 수 있는 초능력의 소유자였다. 시간 늦추기의 개념을 설명하려면 고대 문명으로 거슬러 올라가야 한다.

기원전 5세기, 철학자 제논zenon은 다음의 물음을 던졌다.

'만일 날아가는 화살이 특정 순간에 정지한 것처럼 보인다면, 그건 실제로 정지한 상태라고 간주할 수 있지 않을까?'

인간과 시간의 관계를 둘러싼 개념과 통찰은 오늘날까지 우리를 매혹시킨다. 깊이 있고 의미가 충만한 삶을 살고 싶다면 내면의 속도를 늦추는 법을 배워야 한다.

〈매트릭스〉의 제작진은 '불릿 타임bullet time'으로 알려진 시각 효과를 창조해냈다. 120대의 카메라를 360도 원형으로 배치해 수천 장의 사진을 찍은 다음 그 장면들을 연결해 불릿 타임을 만들어낸다. 이 시각 효과를 통해 관객은 동작이 초 단위로 느리게 움직이는 장면의 주변을 실제로 직접 둘러보는 듯한 느낌을 받는다.

이 기술은 〈매트릭스〉의 감독을 맡은 워쇼스키 형제가 처음 사용한 것은 아니지만, 이를 영화의 주요 효과로 활용한 것은 두 사람이 최초였다. 네오가 건물 옥상에서 연속으로 날아드는 총알을 피하는 장면이야말로 불릿 타임의 절정을 보여준다고 할 것이다.

불릿 타임은 당신에게도 작동할 수 있다.

중요하고 결정적인 순간, 전략적으로 신체적·정신적 활동의 속도를 늦춘다면, 당신은 감각과 뇌를 재설정할 수 있는 공간을 확보할 수 있다. 빠르고 성급하게 받아들이기보다는 천천히 날아드는 총알을 살펴보듯이 어떤 사물이나 시그널을 바라보면, 당신은 '다르게 보는 방식'을 배우게 된다.

'한 번 더' 생각하기의 효용이 바로 여기에 있다. '한 번 더'는 당신을 찾아오는 것들을 다르게 볼 수 있게 한다. '날아오는 총알은 절대 피할 수 없다'는 통념에서 벗어나 새로운 생각과 행동으로 당신의 삶을 옮겨 갈 수 있게 한다.

핵심은 당신이 주변 상황과 환경을 정확하고 뚜렷하게 인지하는 데 있다. 불릿 타임은 당신이 한 번 더 사업상의 거래처를 찾거나, 테니스 실력을 향상시키는 방법에 한 번 더 집중하거나, 결혼 생활을 더 행복하게 만드는 방법을 한 가지 더 찾을 때 '기회'를 제공한다.

> 나는 네 마음을 자유롭게 해주려는 거야, 네오. 나는 네게 문을 보여줄 뿐이야. 그 문을 통과해야 하는 사람은 바로 너 자신이지.
>
> _모피어스

현재의 삶을 변화시키려면 시간과 집중이 필요하다. 최대한 시간을 늦추면서 무엇에 집중할 것인지를 지혜롭게 선택한다면, 당신은 다른 사람보다 언제나 '한 번 더' 기회를 얻게 될 것이다.

기억하라.

당신이 선택하고 싶은 길을 의식적으로 결정해야 한다. 모피어스가 네오에게 파란 알약과 빨간 알약 중 하나를 선택하라고 한 의미는 무엇일까? 그가 네오에게 요구한 것은 '운명'과 '자유의지' 가운데 하나를 선택하라는 것이었다.

파란 알약은 운명을 상징한다. 이미 모든 선택이 정해져 있기에, 그에 따른 행동도 미리 정해진 것이다. 운명의 세계에서 선택이라는 개념은 환상에 지나지 않는다.

네오는 빨간 알약을 선택함으로써 자신의 결정에 기초해 운명을 바꾸는 자유의지에 자신을 맡긴다.

날아오는 총알을 절대 피할 수 없는 사람은 운명을 선택한 것이다. 반면에 날아오는 총알을 손으로 움켜쥘 줄 알았던 네오, 모피어스, 트리니티는 파멸의 세상 속에서도 언제나 자유의지에 더 높은 가치를 두는 전사였다.

'한 번 더' 생각하고 '한 번 더' 행동하는 사람은 늘 자유의지를 선택한다. 자유의지를 선택한 사람은 자신이 무엇을 원하는지 분명히 안다. 그렇기 때문에 자신의 기준과 목표에 더 가깝게 다가가기 위해 생각과 행동을 결합할 줄도 안다. 자유의지를 선택한 사람은 자신의 인식 수준을 획기적으로 끌어올린다. 그와 동시에 자신이 몸담은 세계의 속도를 늦춘다. 바로 그 순간, 그들의 세계는 그들이 원하는 삶과 더 잘 들어맞도록 변화를 시작한다.

> 네오, 너도 나처럼 곧 깨닫게 될 거다. 길을 아는 것과 그 길을 걷는 것은 다르다는 것을.
> _모피어스

삶의 빠른 속도 때문에 우리는 대부분 특정한 것만을 보는 선택을 한다. 미리 정해진 길을 따라 걷는 것이 편하기 때문이다. 하지만 그 선택은 우리 삶의 일곱 가지 색깔 중 여섯 가지를 포기한 것이기도 하다.

그렇다고 자책할 필요는 없다. 태어날 때부터 우리는 타인이 만들어 놓은 규칙을 따를 것을 요구받는다. 세상이 갈수록 빨라지면서 우리는 생각의 속도를 늦추기보다는, 타인이 최선이라고 결정한 것들을 그대로 받아들이는 선택을 한다.

똑같은 교과서를 공부하고, 대학에 가고, 취직을 하고, 결혼을 하고, 아이를 낳고, 내 집을 장만하고, 노후를 준비하고… 지구에 현존하는 대부분의 인간은 이 패턴을 따른다. 그러니 자책할 필요는 없다. 다만 이 패턴을 의심하기 시작하면 어떻게 될까? 이 패턴을 완전히 무시하라는 것이 아니다. 삶의 중요하고 결정적인 순간, 타인의 가르침을 받아들이는 대신 당신 스스로 시간을 통제하고, 집중할 것이 무엇인지 좀 더 오랫동안 숙고한다면? 아무런 고민도 없이 운명에 순응하기보다는 '한 번 더' 생각하는 소수 사람들의 편에 선다면?

성공하는 사람들은 보통사람은 생각도 못한 어려운 선택을 했기 때문일까? 아니다. 그들은 빨간 알약을 대신해 파란 알약을 선택했을 뿐이다.

성공의 세계에서 모든 선택은 빨간 알약과 파란 알약 사이에 존재할 뿐임을 알아차린 순간, 당신의 삶은 의미 있는 변화를 힘차게 시작할 것이다.

당신의 매트릭스는 어떻게 작동하는가

다시 망상체활성계, 라스를 좀 더 과학적으로 설명해보자.

라스는 당신의 매트릭스를 보정해주는 정신적인 근육에 해당한다. 라스는 당신에게 중요한 것들을 골라내 당신의 인식 속으로 들여보내고, 그렇지 않은 것들은 걸러낸다.

망상체는 신경학적 용어로 '그물' 또는 '망 같은 것'을 의미한다. 라스는 인간의 뇌간 깊숙이 자리 잡고 있는 신경세포와 그 연결망으로 이루어진 네트워크 조직으로 뇌 중앙에 있는 시상하부를 지나는 척수 사이에 있다. 이 세포는 뇌 표면의 얇은 신경조직층인 대뇌피질까지 바깥쪽으로 확장된다.

라스는 우리가 공급하는 감각 입력의 질과 유형을 해석하지 않는다. 대신 대뇌피질을 전체적으로 활성화시켜 높은 경계 태세를 갖추게 한다. 이때 자극이 증가되면서 들어오는 정보를 해석하는 능력이 강화되고, 뇌가 '적절한 조치'를 취할 수 있도록 준비시킨다.

적절한 조치란 라스가 뇌파의 전압과 신경세포의 반응 속도를 조절하면서 뇌의 전기 활동을 변화시키는 것을 의미한다. 라스는 또 수면과 통증, 운동 기능, 감정, 기억을 조절하는 화학물질을 방출한다. 이 화학물질에는 동작을 규제하는 아세틸콜린, 의식이나 감각과 연관된 도파민, 노르에피네프린, 세로토닌이 포함된다.

라스는 심리 장애와도 관련이 있다. 라스에 이상이 생기면 조현병이나 파킨슨병, 외상 후 스트레스 장애PTSD가 나타난다.

당신이 깨어 있을 때 뇌는 정보를 신속하고 신중하게 정리할 수 있도록 믿을 수 없이 빠른 속도로 저전압의 뇌파를 형성한다. 또 수면 중 급속안구운동REM 주기 동안에도 강렬한 꿈과 신체 동작을 유발하고 호흡과 맥박의 속도를 높이는 등 같은 현상을 발생시킨다.

라스의 구성 방식도 우리에게 다소간 경계심과 인식을 심어주고, 우리가 받아들이는 다양한 메시지를 뇌가 어떻게 해석할 것인지 결정한다. 이런 면에서 라스는 '뇌의 자연스러운 필터링 시스템'이라고 할 수 있다. 라스는 우리가 잠자는 동안 메시지들을 처리한다. 아울러 우리의 결정 과정을 방해하는 불필요한 소음이나 중요하지 않은 것들은 모두 걸러낸다.

앞에서도 설명했듯이 라스는 우리에게 중요한 것은 모두 골라내 우리의 의식 속으로 보내주는 역할도 한다. 이를 통해 우리는 우리 자신의 현실을 만들어낼 수 있다. 다만 우리는 가치 지향을 갖고 그 방향으로 나아가기 위해 노력해야 한다.

'한 번 더' 생각하는 사람은 우리의 라스가 곧 우리의 매트릭스임을 알아차린다. 매트릭스가 작용하는 이면의 과학을 이해하면, 그것이 우리에게 유리하게 작용하는 길을 어떻게, 그리고 왜 발견해야 하는지 더 쉽게 이해할 수 있다.

만일 당신이 지금 불쾌감을 느낄 만한 것들을 찾고 있다면, 당신의 라스가 활성화되면서 당신은 하루 종일 그런 것들을 찾아낼 것이다. 반면에 당신이 감사해야 할 것들을 찾고 있다면, 당신은 하루 종일 그런 것들을 찾아낼 것이다.

따라서 가치 있는 것들을 추구하는 삶을 살아야 한다. 당신이 그 삶에 집중하는 순간 당신의 매트릭스는 산더미 같은 데이터를 필터링해 당신에게 중요한 것들만 보여준다. 당신이 가치 있는 것들을 더 쉽게 찾아낼 수 있도록 최선을 다해 돕는다. 가치 있는 것들을 '하나 더' 찾아내는 데 집중하는 삶, 가치 있는 도전을 '한 번 더' 숙고하고 시도하는 삶을 사는 것, 그것이 곧 '성공'이다.

당신의 매트릭스는 또한 당신의 '믿음'을 입증할 정보들을 찾아낸다. 골프를 치거나 그림을 그리거나 연설하는 것에 당신이 서투르면, 당신은 그런 활동들을 끔찍하게 생각할 것이다. 반면에 당신이 시속 150킬로미터의 강속구도 얼마든지 쳐낼 수 있다고 생각하면, 석 달 안에 외국어 회화를 마스터할 수 있다고 생각하면, 1년 안에 승진 시험에 합격할 수 있다고 생각하면, 당신이 그런 활동을 할 기회는 훨씬 더 늘어나게 된다.

기억하라.

당신의 매트릭스는 당신이 보고 싶은 것을 보도록 도와준다. 이를 통해 당신의 행동에 영향을 미치는 역할을 한다.

라스는 '끌어당김의 법칙'을 설명하는 데도 큰 도움을 준다. 끌어당김의 법칙은 신비로운 영성 분야에 어울리는 것처럼 보인다. 하지만 매트릭스의 작동 방식을 이해한다면, 그 마법적인 느낌이 대폭 줄어들 것이다.

이제 당신은 좀 더 생생하게 깨달았을 것이다.

'한 번 더' 생각하고 시도하는 사람이 가치를 지향하는 삶에 더 가깝다는 것을.

모피어스가 '길을 아는 것'과 '그 길을 걷는 것'은 다르다고 말한 것을 기억하는가?

'한 번 더' 생각하고 '한 번 더' 시도하는 사람은 분명 '그 길을 걷고 있다.'

올바른 씨앗을 심어라

자, 그렇다면, 원하는 것을 얻으려면 매트릭스를 어떻게 훈련시켜야 하는가?

먼저 매트릭스에 씨앗을 심는 일에서 출발한다.

'체중을 줄이고 싶다'고 해보자. 당신이 현재 원하는 것이 감량이라면 좀 더 구체적으로 목표를 세운다.

'앞으로 6개월 내에 10킬로그램을 감량한다.'

그런 다음 이 목표가 어떻게 실현되면 이상적일지에 대해 시각화해본다. 코치와의 대화, 행동, 운동 프로그램, 식단 등등 목표에 도달하는 데 필요한 세부 사항들을 상상력을 동원해 생생하게 그려본다. 바로 그때 당신의 다른 매트릭스는 모두 잠긴다. 동시에 감량에 대한 구체적 목표를 실현하는 데 도움을 주는 매트릭스가 열린다.

당신의 오랜 숙원 중 하나는 포르셰 자동차의 주인이 되는 것인가?

그렇다면 포르셰를 단지 꿈의 영역에 배치해서는 안 된다. 생생한 계획을 세우고 끊임없이 반복 재생하라. 그러면 어느 순간 포르셰가 꿈에서 현실의 세계로 점점 이동하기 시작한다. 남들보다 빠른 승진을 하게 되고, 은행 잔고를 빠르게 쌓는 경험을 하면서 포르셰를 발견하는 기회가 점점 더 늘어난다. 온라인 광고, TV 광고, 광고탑이 눈에 들어온다. 고속도로에서 다른 차에 추월을 당할 때마다 당신의 머리는 포르셰에 대한 열망으로 불타오른다. 그러다가 이미 포르셰를 소유한 사람과 만나는 것을 계기로, 당신의 매트릭스는 당신의 꿈을 훨씬 높은 수준으로 끌어올린다. 이런 일들이 일어났다는 것은 당신의 매트릭스가 인생에서 원하는 것에 더 가깝게 당신을 데려다주는 첫 단계를 수행했다는 뜻이다.

확증편향의 강력한 힘을 누려라

확증편향confirmation bias은 새로운 증거가 나타났을 때, 그것을 기존에 가지고 있던 자신의 믿음이나 이론에 대한 확증으로만 해석하는 경향을 말한다. 매트릭스와 확증편향은 일심동체나 다름없다. 당신의 매트릭스가 특정한 믿음이나 결과를 만들어내면, 확증편향이 시작되면서 그런 믿음에 계속 힘을 실어주고 효과를 강화한다. 이와 동시에 당신의 매트릭스가 믿는 것을 훼손하거나 반박하는 증거와 이론 들은 평가절하된다.

확증편향은 선택적 기억이 확장된 것이다. 우리의 믿음이 강력할수록, 어떤 문제가 우리에게 더 감정적으로 부과될수록, 우리의 확증편향과 선택적 기억은 더 강력해진다.

이렇게 뿌리박힌 믿음은 시간이 지날수록 더 큰 힘을 얻는다. 믿음이 점점 '집착'으로 변한다. 가치 지향적인 행동과 확증편향, 선택적 기억과 결합된 매트릭스는 목표를 향해 우리를 가차없이 몰고 간다.

따라서 중요한 것은 매트릭스에 올바른 씨앗이 심어졌는지 확인하는 것이다. 잘못된 것을 심으면, 엄청나게 잘못된 깃을 거둘 수밖에 없기 때문이다.

편향된 해석과 기억은 올바른 방법으로 활용될 때 강력한 도구가 된다. 인간은 자신이 살아가는 저마다의 세계에서 매일 끝없이 확인해야 할 것들에 파묻힌다. 소셜 미디어는 우리의 믿음을 강화시켜 주는 '메아리 방echo chamber'의 대표적인 사례라고 할 수 있다. 우리는 우리의 생각과 믿음에 일치하는 것에 강력하게 끌린다. 동시에 우리의 견해와 다른 것은 배격한다.

확증편향은 '인지부조화cognitive dissonance'의 갈등을 최소화한다. 인지부조화란 자신이 가진 믿음과 자신이 실제로 본 것 사이의 불일치로 인해 스트레스와 불안을 느낄 때 발생한다. 확증편향은 자신과 맞지 않는 관점을 피하는 데 도움을 주며 우리가 믿고 싶은 정보를 강화시키는 견해에 힘을 실어준다.

당신의 매트릭스는 오직 당신만의 것이다

100명의 사람에게는 100개의 매트릭스가 있다. 나와 똑같은 뇌를 가진 사람은 지구상에 단 한 명도 없다. 매트릭스 또한 마찬가지다.

당신은 '유일한 존재'다. 오직 당신만의 기억과 경험, 생각, 관계, 불안, 열망 등으로 이루어진 지구상 단 하나의 존재다. 매트릭스의 작동 방식을 배우는 과정이 '나 홀로 여행'인 이유가 바로 여기에 있다.

그렇다. 삶의 중요한 결정들을 타인에게 떠넘길 수는 없지 않은가! 이는 오롯이 당신의 몫이다. 그리고 확증편향은 매트릭스의 작동 방식에 엄청난 영향을 준다는 사실을 절대 잊어서는 안 된다.

예를 들어보자.

월스트리트Wall Street의 주식중개인은 대규모 금융시장에서 끊임없이 돈을 찾아내도록 자신의 매트릭스를 구성한다. 속도를 늦추고 자신의 매트릭스로 하여금 기회를 엿보게 하면서, 누군가가 미처 발견하지 못한 거래를 들여다본다.

마찬가지로 우범지대에서 노숙자로 지내는 마약중독자가 처한 곤경을 생각해보자. 잠잘 곳도 없고 다음 끼니는 어디서 해결할 수 있을지 불확실하다. 하지만 그들은 언제나 기분을 고조시킬 다음 기회를 위한 루트를 찾는 데 집중한다. 그들의 매트릭스는 마약을 찾아내도록 끊임없이 훈련받았기 때문이다. 그러므로 이런 일을 하는 데 아주 능숙하다.

월스트리트의 주식중개인과 우범지대의 노숙자는 각각 '그들만의 현실'에서 살고 있다. 두 사람은 자신의 목표와 일치하는 특정한 생각과 기회의 가능성을 높이도록 자신들의 매트릭스를 훈련시켰다. 그래서 그들이 마주치는 모든 것은 각자의 목표를 향해 가고 있다는 것을 계속해서 확인시켜준다.

두 사람은 모두 동일한 방식으로 자신의 매트릭스를 훈련시켰다. 하지만 두 사람은 서로 전혀 다른 삶을 살고 있다. 어떤 삶이 더 가치 있는 삶인지는 예단할 수 없다. 다만 매트릭스가 우리의 삶에 엄청난 영향을 미친다는 사실은 확실하다.

다시 한 번 강조한다.

당신의 매트릭스는 오직 당신만의 것이다. 대박을 터뜨릴 주식을 찾든 10달러짜리 헤로인 봉지를 찾든 간에, 그것을 통제할 수 있는 유일한 사람은 당신이다. 그리고 그 매트릭스의 관점이 오랫동안 특정한 방식을 유지하면 할수록 그만큼 뿌리는 더 깊어지고 당신의 믿음 또한 끝없이 강렬해질 것이다.

당신이 미식축구팀의 쿼터백이라고 해보자.

수비의 집중 견제를 받는 리시버를 찾는 것과 무방비 상태로 놓인 리시버를 찾는 것 중 무엇이 더 쿼터백의 임무에 합당한가? 무방비 상태를 찾는 쪽으로 정신을 집중하고 단련한다면, 당신의 뇌는 견제받는 리시버에 초점을 맞추는 대신 무방비 상태의 리시버를 찾는다.

신인 쿼터백이 겪는 어려움은 자신의 매트릭스에 심은 것을 아직 깊이 경험하지 못하는 데서 출발한다. 하지만 조 몬태나Joe Montana나 페이턴 매닝Peyton Manning처럼 명예의 전당에 오른 뛰어난 선수들은 그야말로 수비를 산산히 흩뜨려놓을 줄 안다. 타고난 재능 때문이 아니다. 그들은 경기장에서 '스스로 패스를 통제할 수 있다'는 믿음에 더 깊이 몰입한다. 속도를 조절하면서 자신만의 경기 매트릭스에 입장할 줄 알았기 때문이다.

토니 로모Tony Romo나 트로이 애이크맨Troy Aikman과 같은 중계석의 노련한 해설자들은 어떤가? 그들은 리시버들이 어느 방향으로 달릴지, 혹은 수비하는 팀이 어떤 포맷으로 나올지 예측할 수 있다. 수십 년 동안 쌓아온 관전과 해석의 경험이 수백만의 시청자 앞에서 경기의 진행 방향을 미리 예측하는 설명으로 생생하게 나타난 것이다.

당신이 골퍼라면 스윙할 때마다 모래 벙커나 워터 해저드, 경계를 벗어나는 표지들을 걸러낼 것이다. 당신은 모든 샷에서 공을 어디로 보내고 싶은지 정확하게 안다. 당신의 매트릭스가 이 모든 것을 보여주기 때문이다.

매트릭스의 활용은 대인관계로까지 확장된다. 매트릭스를 활성화하면 당신은 관계를 맺고 싶은 유형의 사람들을 더 자주 발견하게 되고, 그들이 곁에 있을 때 결코 그냥 지나치지 않고 탁월하게 접근하는 방법을 발전시켜나갈 것이다.

비즈니스 세계에서도 매트릭스는 훌륭하게 활용된다. 당신의 사업에 집중하는 매트릭스를 활용하면 해당 사업과 관련된 다양한 기회와 계약 요청이 나타나기 시작할 것이다. 당신의 뇌가 이런 가능성들을 찾는 데 활성화되고 있기 때문이다. 항상 당신 가까이에 있었지만 예전에는 자신의 매트릭스에 골라 넣지 않아서 몰라봤던 돈 벌 기회를, 이제는 보기 시작할 것이다.

당신이 창업가라면, 당신의 뇌는 이미 장애물 대신 기회를 포착하는 훈련을 하고 있을 것이다. 나아가 당신의 지식과 경험, 대인관계를 돈을 벌 수 있는 방향으로 연결하는 방법을 찾아낼 것이다. 당신의 매트릭스는 당신과 함께 일하는 데 적합하지 않은 사람은 모두 걸러내고,

당신과 가장 잘 어울리는 사람에게 초점을 맞추게 될 것이다.

우리는 우리에게 필요한 모든 것을 이미 갖고 있다. 다만 그것을 '발견해내는' 노력이 필요할 뿐이다. 성공, 행복, 사랑, 건강은 모두 우리 내면에 이미 존재하고 있다는 사실을 굳게 믿어라.

삶이 놀라운 속도로 달라지기 시작할 것이다.

가장 유리한 매트릭스를 짜라

이제 알겠는가?

당신의 매트릭스는 이미 활발하게 작동되고 있다. 중요한 것은 그것이 정녕 당신에게 유리한 방향으로 작동되고 있는지의 여부다.

대체로 당신은 삶의 매 순간, 다음 두 가지 중 하나를 생각하고 있을 것이다.

'앞으로 내 삶을 질적으로 높여줄 가치 있는 것들은 무엇일까?'
'최소한 그것만은 피하자. 안 그러면 인생을 망칠지도 몰라!'

이 두 가지 생각 사이에는 엄청난 차이가 있다.

매트릭스를 최대한 당신에게 유리하게 작동시키려면 생각의 수준을 확 끌어올려야 한다. 가치를 지향하는 사고를 철저하게 습관화해야 한다. 그러면 두려움과 불안은 자신감과 추진력으로 대체된다.

생각의 수준을 높이고, 그 생각에 긍정적인 틀을 씌워라. 위기를 겨우 모면했다고 안도의 한숨을 쉬는 삶을 살아서는 안 된다. 생각만 해도 가슴이 뛰는 목표를 설정하라.

그리고 끝없이 반복하라!

지속적으로, 의식적으로 매트릭스를 당신이 원하는 생각으로 채워야 한다. 매트릭스에 굳게 뿌리를 내리게 함으로써 그 생각이 존재하는지조차 모르게 하라. 우리가 매일 끝없이 호흡하면서도 공기의 존재를 잊고 사는 것처럼 말이다. 그러면 당신의 매트릭스는 최대의 우군이 되어당신의 그 생각을 결과로 내어놓을 것이다. 매트릭스를 가치 지향적이고 긍정적인 감정과 표현, 시각화로 프로그래밍하라. 목표를 달성하는데 필요한 준비와 적극적인 정보와 지식 수집, 실패 허용, 목표로 가는중간중간 중요한 의사결정권을 자신에게 부여하는 것, 늘 감사하는 마음 등을 구체적으로 프로그래밍하면 매트릭스는 더 활발해진다. 그와동시에 '뒤로 미루는 습관을 반드시 없애라!'

기업가 빅터 키암Victor Kiam은 이렇게 말했다.

"뒤로 미루는 것은 기회를 죽이는 짓이다."

그리고 나는 당신에게 이렇게 덧붙여주고 싶다.

"변화는 기회를 살리는 핵심 에너지다."

첫눈에 반한 이성과 춤을 출 수 있는 기회가 찾아왔는데도 그저 가만히 앉아 있으면, 그 기회는 다른 테이블에 앉아 있던 경쟁자에게 돌아간다. 그러면 당신은 바에 주저앉은 채 잔뜩 심술이 난 얼굴로 술이나 마실 것이다.

많은 사람들이 심술난 얼굴로 이런 인생을 살아간다. 세상에서 가장 값비싼 것이 무엇인지 아는가?

바로 '놓친 기회'다.

기회를 놓치는 삶은 후회와 의심, 미련이라는 대가를 치를 뿐이다.

철학자 프랜시스 베이컨Francis Bacon은 이렇게 말했다.

"현명한 사람은 자신이 발견한 것보다 더 많은 기회를 만들어낸다."

'한 번 더' 생각하고 행동하는 사람은 늘 기회를 지향한다. '한 번 더'의 사람은 반복에 강하다. 강한 반복은 강한 결과로 이어진다. 인내심의 끝은 항상 달콤한 것이 인생의 이치다.

'한 번 더'의 매트릭스가 활발하게 작동하는 삶을 살라.

그 '한 번 더'가 '더 많은' 기회를 활발하게 찾아낼 것이다.

3장

'한 번 더 시도'를
축적하라

THE POWER OF
ONE MORE

끝날 때까지는 끝난 게 아니다.

_요기 베라

가치 있고 의미 있는 것을 성취하고 싶은가?

그렇다면 당신이 꼭 익혀야 할 전략은 '한 번 더 시도one more try'하는 것이다. '한 번 더 시도'는 당신의 삶에서 고립된 경로를 밟지 않으며, 이 책에 나오는 다른 수많은 전략과 연결된, 무엇보다 중요한 개념이기 때문이다.

'성공'이라는 추상적 단어를 구체적으로 설명하자면, 성공이란 여러 가지 가치가 결합되어 강력한 시너지를 창출하는 '합성물compounding' 이라고 할 수 있다. 합성물은 우리가 끊임없이 '한 번 더 시도'를 감행할 때 발생한다. '한 번 더 시도'의 마인드를 구체적 실행에 옮길 때 우리는 스스로 더 많은 승리를 창출하고, 더 많은 합성의 기회를 얻게 된다.

그런 각각의 승리는 목표를 향한 점진적 발전을 당신에게 가져다준다. 그러면 당신은 그것들을 차곡차곡 쌓아 장기적으로 당신의 삶에 결정적인 변화를 만들어낼 것이다.

예를 들어보자.

어린 시절 자전거를 처음 배울 때는 누구나 힘이 든다. 아빠나 엄마가 옆에서 잡아주거나 보조 바퀴를 달지 않으면 몇 미터도 타기가 어렵다. 하지만 여기서 포기하지 않고 계속 넘어지면서도 균형을 잡으려고 노력하면 어느 날 갑자기 보조 바퀴를 떼고 엄마 아빠의 환호성을 뒤로하며 안정적으로 출발하는 놀라운 순간을 맞이하게 된다. 그리고 얼마 지나지 않아 능숙하게 자전거를 타고 거리를 씽씽 달리게 된다.

이것이 '한 번 더 시도'의 핵심이다. '한 번 더 시도'는 근본적인 습관이다. 삶에 변화를 주는 첫걸음이다. 한 번 더 전화를 하고, 헬스클럽에서 기구 하나를 더 익히고, 회의장에서 한 사람을 더 만나고, 컴퓨터 활용 기술을 한 가지 더 익히는 것이 왜 중요한지 모른다면, 당신은 결코 성공할 수 없다.

우리는 흔히 성공하려면 타인과 '차별화'를 해야 한다고 생각한다. 전적으로 맞는 말이다. '한 번 더 시도'야말로 '차별화'의 핵심이다. 타인과 똑같이 행동하면 타인과 똑같은 결과를 얻을 수밖에 없다. '한 번 더 시도'의 마인드를 실천할 때 우리는 최대의 성공을 거두고 가장 중요한 개인적 성장을 이루게 될 것이다.

'한 번 더 시도'는 안정감과 자신감을 선물한다. 남들보다 한 걸음 더 나간 결과는 결코 작지 않다. 한 걸음 더 나간 결과들이 쌓이고 쌓여 마침내 경쟁자를 멀찌감치 따돌리고 여유 있게 승리하는 '압도적인' 결과를 만들어낸다. '한 번 더 시도'는 경쟁자는 모르는 당신만의 비밀 병기다. '한 번 더 시도'를 열망하면 할수록 이는 당신의 삶에 엄청나게 유리한 전략이 되어준다.

동양의 철학자 공자孔子는 이렇게 말했다.

"할 수 있다고 생각하는 사람과 할 수 없다고 생각하는 사람, 둘 다 옳다."

공자는 한 개인의 실행력은 그가 자신에 대해 믿는 수준에 비례한다는 사실을 잘 알고 있었다. 스스로에 대한 자신감은 당신에게 '한 번 더 시도'할 가치가 있다는 믿음을 뿌리 내리게 한다.

'한 번 더 시도'의 마인드를 갖춘 사람은 언제나 이렇게 말하곤 한다.

"기대 이상의 성과를 거두었습니다."

그렇다. 성공이란 기대치를 충족한 상태가 아니다. 진정한 성공, 연속적인 성공이란 '기대치를 뛰어넘은 상태'를 뜻한다.

'한 번 더 시도'는 타인이 100퍼센트의 성과를 거둘 때 110퍼센트의 성과를 올리게 한다. 이 10퍼센트의 '초과치'들이 모여 더 크고 더 뛰어난 '합성물'을 만들어낸다.

나아가 성공하는 사람은 모두가 기피하는 일을 기꺼이 맡는다. 모두가 피하는 일에서 '가치 지향'의 자세로 '한 번 더 시도'하면 뜻밖의 성공 기회를 만들어낼 수 있기 때문이다. '한 번 더 시도'는 당신의 제2의 천성이 되어야 한다.

앞으로는 사람들에게 자신 있게 다음과 같이 말하라.

"저의 가장 큰 재능은 '한 번 더 시도'하는 것입니다."

복잡하게 생각할 필요 없다. 그냥 하면 된다.

자신감의 더 높은 수준은 '자부심', '자긍심'이다. '한 번 더 시도'를 통해 이 수준까지 당신의 자신감을 끌어올려라.

다시 한 번 명심하라. 자기 자신을 강력하게 믿지 못하는 사람은 결국 자기 자신과만 싸우게 된다는 것을.

답은 늘 우리 안에 있다. 그럼에도 대부분 이 답을 잘 활용하지 않는다. 자신을 믿지 못하고 자신의 정체성을 축소, 차단하고 사소한 것만을 받아들인다.

우리가 마음에 들지 않는 삶을 받아들이는 가장 큰 이유는 나약함 때문이다. 나약한 정신은 갈고 닦는다고 해서 강해지지 않는다. 나약함은 통째로 들어내고, 그 밑에 잠들어 있는 강한 정신력과 투지를 파고들어야 한다. 마음에 들지 않는 삶의 영역에서는 제아무리 노력하고 발버둥쳐도 절대 그 삶이 '원하는 삶'으로 발전하지 않는다.

삶의 규칙은 간단하다.

마음에 들지 않는 것은 버려라. 마음에 드는 것을 선택하라.

당신이 흥분할 만한 사실이 하나 더 있다.

'한 번 더 시도'의 세계에는 경쟁자가 별로 없다는 것이다. 사람들은 어떤 일을 시작하면 곧장 '만족'을 찾기 시작한다. 그리고 처음 생각했던 만족의 팔부능선쯤에서 '타협'하고 멈춰선다. 그들은 절대 당신처럼 '한 번 더 시도'를 하지 않는다. 그러므로 그들은 당신이 얻는 결과를 얻지 못한다. 당신이 얻은 결과는 그들에게 그저 여우가 따먹지 못한 신 포도일 뿐이다.

수천 년 동안 변하지 않은 진리가 있다. '많은 시도가 많은 성공을 가져온다'다. '한 번 더 시도'를 당신 삶의 기준으로 삼으면 세상은 당신에게 매우 유리하게 작동할 것이다. '한 번 더 시도'는 모든 일의 가장 좋은 출발점이 되어준다.

피냐타 터트리기

나는 즐겨 말한다.

인생은 피냐타(어린이 축제나 생일 때 사용되는 과자나 장난감 등을 넣은 종이 인형)를 터뜨리기 위해 계속해서 방망이를 '한 번 더' 휘두르는 것과 같다고.

그렇다면 사람들은 왜 성공의 강력하고 탁월한 전략인 '한 번 더 시도'의 마인드를 갖지 못할까? 피부에 와닿는 뚜렷한 진전을 즉각 느끼지 못하기 때문이다.

'한 번 더 시도'는 지루한 반복처럼 느껴진다. 그래서 사람들은 피냐타를 터뜨려 캔디를 손에 넣기 전에 방망이를 내려놓는다.

몇 년 전 나는 내 아이와 유치원에서 가장 친한 친구의 생일 파티에 초대를 받은 적 있다. 파티 장소에는 피냐타가 준비되어 있었고, 아이들은 차례로 눈가리개를 했다. 그런 다음 어른들의 도움으로 피냐타 앞으로 다가가 방망이를 받은 다음, 그것을 향해 방망이를 휘둘렀다.

처음 두 아이가 휘두른 방망이는 피냐타를 가볍게 스치기만 했다. 눈을 가린 탓인지 두 아이는 방향을 잃은 채 이번에는 어느 쪽으로 방망이를 휘둘러야 할지 몰랐다. 지켜보던 다른 아이들이 응원하며 도와주었지만 두 아이는 피냐타에 뚜렷한 타격을 입히지 못했다. 안대를 벗은 두 아이는 건재한 피냐타를 발견하고는 풀이 죽은 표정을 지었다. 피냐타가 안쪽에서부터 천천히 부서지고 있다는 것은 깨닫지 못한 채 말이다.

하지만 시간이 흐를수록 계속 스윙을 하는 아이들에게 유리한 판세가 형성되기 시작했다. 아이들은 점점 더 피냐타를 향한 정확한 스윙을 선보이기 시작했다. 스윙이 '누적'되면서 견고해보이던 피냐타가 조금씩 무너지고 있었다. 스윙을 할 때마다 아이들은 보이지 않는 진전을 이루고 있었고, 그것이 차츰차츰 쌓이면서 결국 피냐타를 완전히 터뜨리는 최종 목표에 접근했다.

모든 아이가 기대감에 소리를 질러댔다. 마침내 생일을 맞은 아이가 안대를 착용하고 나섰다. 아이의 강력한 스윙에 피냐타가 활짝 열렸다. 아이들은 일제히 환호성을 올리며 피냐타에서 쏟아진 맛있는 간식들을 줍기 위해 야단법석을 떨었다.

피냐타는 생일을 맞은 아이의 결정적인 한 방으로 활짝 열린 것일까? 절대 그렇지 않다. 모든 스윙의 결합으로 축적된 '복합적 효과' 때문이었다.

'한 번 더 시도'가 이루어지는 순간, 담대한 성공을 향한 '축적'이 시작된다. 삶의 피냐타를 향해 꾸준히 '한 번 더 시도'하는 동안 눈에 보이지 않는 기대 이상의 진전이 강력하게 이루어지고 있다. 직접 볼 수 없다고 해도 자신이 앞으로 나가고 있다는 사실을 굳게 믿으며 '한 번 더 시도'를 반복하면 어느 순간, 축적된 진전이 폭발하면서 가시적인 결과물로 나타난다. 마침내 우리는 결정적인 스윙 한 번으로 성공의 피냐타를 터뜨린다.

프로 야구 최고의 타자들은 최고의 연습벌레이기도 하다. 그들은 왜 시합 전에 수백 번, 수천 번의 스윙을 끊임없이 훈련할까? 본 게임에서 결정적 한 방을 터뜨리기 위해서는 '한 번 더 시도'의 축적이 필요하기 때문이다. 축적이 없으면 결정적 기회와 성공은 불가능하다.

피냐타를 한 번 터뜨리는 데 성공하면 그다음부터는 쉬워진다. 더 이상 보이지 않는 진전을 의심하지 않기 때문이다. 보이지 않는 진전을 경험했기에 스윙을 할 때마다 아드레날린이 분비되고 자신감이 더 커진다. 사업, 연애, 건강, 가족, 대인관계 등등 모든 분야에서 피냐타를 터뜨리는 데 필요한 자신감에 넘치게 된다.

피냐타를 터뜨릴 때마다 우리에게는 점점 더 강력한 돌파력이 생겨난다. 까다롭고 어려운 피냐타를 만나도 위축되지 않는다. 오히려 난이도가 높은 문제를 푸는 쾌감에 몰입한다.

잊지 마라. 이 모든 것은 축적의 힘이다. 수많은 '한 번 더 시도'가 만들어낸 빛나는 결과물이다.

가장 중요한 사실을 당신에게 알려준다. '한 번 더 시도'의 마인드는 당신을 '포기하지 않게' 이끈다. 포기만 하지 않으면 인간은 기어이 원하는 것을 얻는다.

세상에는 활짝 열리기를 기다리는 피냐타가 얼마든지 존재한다. 그리고 단 한 번의 스윙으로 이것을 열어젖히고자 하는 사람도 넘쳐난다. 그래서 축적의 힘을 알고 있는 당신은 기막힌 행운아다. 단 한 번의 스윙이 아니라 '한 번 더 스윙'이 피냐타를 터뜨리는 유일한 전략임을 알고 있는 당신을 이길 사람은 없다.

'한 번 더 시도'는 이기는 재미를 축적한다

1998년 4월 26일, 내 인생에 엄청난 일이 일어났다.

비즈니스 세계에 갓 들어온 나는 40명의 팀원 앞에서 프레젠테이션이 예정되어 있었다. 하지만 이 행사는 내 바람대로 진행되지 않았다. 프레젠테이션이 막 시작되었을 때 모습을 보인 사람은 겨우 8명에 지나지 않았다.

나는 몹시 당황했다.

'이 일이 내게 맞는 것일까?'

의심이 들기 시작하자 분명 내게 잘 어울리는 다른 일이 내 인생 어딘가에 꼭 있을 것만 같다는 막연한 생각에 휩싸였다. 깊은 좌절과 실망에 빠진 나는 프레젠테이션을 해야 할지, 말아야 할지 판단조차 서지 않았다.

나는 잠시 자리에 앉아 생각에 몰두했다. 그리고 전에 없이 솔직한 마음으로 스스로에게 질문을 던졌다.

'내가 할 수 있는 모든 일에 최선을 다했던가?'

'올바른 시간에 올바른 일을 했던가?'

정말 솔직해지고자 했기에 내 답은 '아니오'였다. '아니오'라는 답을 인정하기란 누구도 쉽지 않다. 하지만 성공하려면 누구에게도 쉽지 않은 일을 해야 한다는 것을 알고 있었기에, 나는 내게 단점이 존재한다는 사실을 냉정하게 인정했다.

그리고 다시 질문을 던졌다.

'지금껏 나는 난관이 생기면 중단하고 멈추는 것을 선택해왔다. 그게 쉽기 때문이다. 지금 이 순간에도 그런 선택을 할 것인가? 아니면 프레젠테이션을 더 멋지게 진행할 것인가?'

그리고 다시 새로운 답을 얻었다.

'그래, 한 번 해보자. 죽기 아니면 까무러치기지.'

나는 프레젠테이션을 끝내고 40명보다 더 큰 8명의 갈채를 받았다. 여기서 물러서는 대신 한 걸음 더 나가는 선택이 좋은 결과를 가져온 것이다. 이것이 나의 첫 '한 번 더 시도'였다. 그후 나는 계속 '한 번 더 시도'를 쌓아나갔고, 마침내 수억 달러의 성과를 올리는 비즈니스맨이 되었다.

자리를 박차고 나가고 싶을 때는 '한 번 더' 생각하라. '한 번 더 시도' 하라.

장담하건대 그러고 나면 생각보다 쉬워진다. '한 번 더' 결심하는 것만으로도 삶은 180도 달라질 수 있다.

내 딸 벨라의 이야기를 소개해보자.

딸아이는 이 글을 쓰고 있는 현재 17세다. 최근에 벨라는 일자리를 구하기 위해 노력했다. 동네에 있는 피자집에서 직원을 구한다는 소식을 들은 그녀는 그곳에 지원을 했고 면접도 훌륭히 잘 치러냈다. 마지막 질문만 통과했다면 벨라는 분명 합격했을 것이다. 하지만 그녀는 탈

락하고 말했다.

마지막 질문은 '지원자의 나이가 18세를 넘나요?'였다.

그 피자집에서는 맥주도 팔았기 때문에 미성년자는 채용이 불가능했다. 벨라의 불합격 소식을 전하는 전화에 나는 내심 아쉬움을 감추지 못했다.

하지만 이야기는 여기서 끝나지 않았다.

30분쯤 지난 후 벨라가 다시 전화를 걸어왔다.

"아빠, 나 일자리 구했어요!"

뭐라고? 피자집이 불법 채용이라도 한 것인가?

일자리를 구하지 못한 대부분의 10대 청소년은 풀이 죽은 채 집으로 발길을 돌릴 것이다. 그런데 벨라는 그렇게 하지 않았다. 피자집에서 나온 후 그 옆에 있는 조그만 커피집 유리창에 붙은 구인공고를 놓치지 않았다. 가게 문을 열고 들어간 벨라는 미성년자여도 상관없다는 주인의 말에 기쁨을 감추지 못했다. 그녀는 즉석에서 채용되었다. 벨라의 '한 번 더 시도'는 좌절과 실망을 새로운 승리로 바꿔놓았다.

그렇다. '한 번 더 시도'는 이처럼 간단하다. 어쩌면 싱겁기까지 하다. 하지만 그 효과는 인생의 모든 분야에 폭발적인 에너지를 저장시킨다.

'한 번 더 시도'는 매 순간 작은 승리의 기쁨을 선물한다. 승리는 고통의 나날을 견딘 대가가 아니다. 승리는 '이기는 재미'가 축적된 결과다.

나아가 '한 번 더 시도'는 자존감을 높여준다. 자존감 높은 사람이 실패와 좌절의 나락으로 떨어질 확률은 낙타가 바늘귀를 통과할 확률보다 낮다.

최고조에 도달하라

앞에서도 살펴보았듯이 목표를 초과 달성하는 길도 '한 번 더 시도'와 직결된다. 시도가 많을수록 더 많은 것을 성취한다.

초과달성자가 되고 싶다면 다음 3가지를 숙고해야 한다.

첫째, 최대 이익은 언제나 극한 상황에서 나타난다는 사실이다.

기대 이상의 성과는 현재 머무는 곳, 그리고 이미 머물렀던 곳에서는 가능하지 않다. 당신의 최대 이익과 성공은 새로운 장소와 새로운 한계로 당신 자신을 몰고 갈 때 발생한다. 익숙한 것에 견주어 목표를 세우지 마라. 최대한 극단적인 조건을 만들고 이를 통해 성공에 필요한 역량을 확장해나가라. 그러면 당신의 받아들이는 수용력도 새로워지고, 이 새로운 수용력이 당신의 새로운 기준이 된다. 극단으로 자신을 몰고 가는 시도를 반복할수록 당신은 더욱 자신감을 갖게 된다. 극단에서 당신을 기다리고 있는 것이 무엇인지 알게 되기 때문이다. 피냐타가 처음에는 언제쯤 터질지 아무도 모르지만, 스윙이 계속 반복되면서 정확한 타격이 이어지게 되면 어느 순간 그 자리에 있는 모든 사람이 환호성을 지르며 무슨 일이 곧 일어날지 알게 되는 것과 같다.

그렇다고 쉼 없이 몰아붙이지는 마라. 휴식을 반드시 고려하라. 다만 대부분의 사람들은 지나친 활동 때문에 지치지 않는다. 그냥 조금만 활동해도 쉽게 지치고 만다. 고도의 활동은 오히려 에너지를 만들어낸다. 에너지를 사용하지 않으면 배터리처럼 시간이 지날수록 그냥 방전되고 만다.

또한 에너지를 사용하면 할수록 더 많은 에너지가 생겨난다. 더 많은 에너지를 생산하면 더 극단적인 곳으로 갈 수 있다. 일단 그곳에 가서 새로운 것을 보고, 만지고, 느껴야 한다. 그러면 수준이 한 단계 높아진 새로운 수용력이 생겨나고 성공의 피냐타에 한 걸음 더 가까워진다.

나의 좌우명은 '맥스아웃maxout'이다. '최고조에 노달하라!'는 뜻이다. 자신의 삶을 매 순간 최고조로 끌고 가는 사람은 지속적으로 새로운 극한 수준을 만들어낸다. 거기에서 확장된 수용력으로 삶을 성장시키고 최고의 결과를 가져다줄 공간을 확보해낸다.

간단히 말해보자.

최고조에 오르면, 동시에 최대치의 결과가 생겨난다.

둘째, 승리는 '숫자 게임'이라는 사실을 잊어서는 안 된다.

초과달성자가 되고 싶다면 좋은 숫자를 갖고 있어야 한다. 원하는 승리를 차지하는 데 충분할 만큼의 큰 숫자를 만들어낼 때까지 간단하고 기본적인 미션을 반복하고 몰두해야 한다.

골프 황제 타이거 우즈Tiger Woods는 매일 2~4시간씩 스윙 연습을 한다. 단순히 동작만 취하지 않는다. 그는 매번 똑같은 백스윙과 똑같은 스트로크, 똑같은 폴로 스루follow through를 시도하면서 각각의 공을 올바른 방향으로 반복해서 날려보내는 훈련에 몰입한다.

마이클 조던Michael Jordan에 관한 다큐 영화 〈더 라스트 댄스The Last Dance〉를 본 적 있는가? 그랬다면 조던이 얼마나 자기 자신을 혹사시키는지도 보았을 것이다. 조던이 남들보다 지독한 악바리여서 그랬을까?

아니다. 다른 선수들이 조던의 그 엄청난 훈련량을 따라잡을 엄두도 내지 못하는 것은, 그들이 조던의 '수준'에 오르지 못했기 때문이다. 다시 말해 조던은 자신의 정체성 수준을 획기적으로 끌어올렸기 때문에 타의 추종을 불허하는 강도의 훈련을 매일 수행해낼 수 있었던 것이다. 다시 한 번 강조하지만 평범한 정체성으로는 제아무리 결심하고 다짐하고 맹세해도, 평범한 노력과 훈련량에서 벗어나지 못한다. 훈련에서부터 타인을 이겨놓고 시작하기에, 조던이 경기장을 마음대로 휘젓고 다니는 것은 별로 특별한 일이 아니다.

나아가 조던은 경기를 반드시 승리로 이끌기 위해서는 훈련할 때 '숫자'를 달성하는 데 집중해야 한다는 것을 알았다. 남들은 흉내도 내지 못하는 숫자는 어떻게 달성되는가?

그렇다. '한 번 더'를 통해서다.

최고의 성취도를 보여주는 사람은 일상 활동에 '한 번 더 시도'를 적용한다. '한 번 더 시도'는 궁극적으로 경쟁을 줄여준다. 경쟁자를 멀찌감치 따돌리는 수준에 이르면 값진 승리를 쉽게 누리게 된다.

당신이 사업가라면 지금껏 많은 전성기와 침체기를 번갈아 겪었을 것이다. 그리고 당신은 아주 잘 알 것이다. 언제 최대한의 노력을 기울였는지, 언제 나태함과 안일에 자신도 모르게 빠졌는지. 이걸 어떻게 아냐고? 당신 회사 장부의 '숫자'가 적나라하게 보여주고 있을 테니 말이다. 당신이 그 숫자들을 애써 외면한다고 해도, 그 숫자들은 절대 변하지 않는다.

당신은 때때로 자신을 속일 수는 있다. 하지만 숫자를 속일 수는 없다.

당신의 노력을 명쾌하게 반영하고 있는 것이 곧 숫자다. 매출 실적,

영업 이익, 순부채 등등은 당신의 노력을 가장 정확하게 평가한다. 헬스클럽의 출석률이 얼마나 되는지, 얼마나 많은 운동기구를 사용해 무게를 얼마나 늘려갔는지, 한 주 동안 당신이 달린 총 거리가 얼마나 되는지 등등은 당신의 '한 번 더 시도'의 근황을 정확하게 보여준다.

여기서 내가 얘기하고자 하는 것은 간단하다.

경쟁자보다 더 나은 실적을 올리지 못하면 결코 우위를 차지할 수 없다. 경쟁자보다 '한 번 더 시도'함으로써 당신은 경쟁자들을 멀찌감치 따돌리고 압도적인 승리를 얻을 수 있다. 마이클 조던은 농구장에만 있는 것이 아니다. 당신의 옆집 남자가 지금 당신보다 '한 번 더 시도'하고 있을지도 모른다.

셋째, '잔을 채우려면 먼저 비워야 한다'는 사실을 기억하라.

이는 영화배우 브루스 리Bruce Lee가 세상에 남긴 명언이다. 목표를 얻기 위한 우리의 노력은 '뭔가를 채워나가는 것'이라기보다는 '과거의 것들을 비워나가는' 과정이다. 우리 안의 모든 것을 티끌 하나 남기지 않고 비울 수만 있다면, 마치 신처럼 그 완벽한 '무無'로부터 완벽하게 새로운 것들을 창조해낼 수 있다.

물론 우리는 신이 아니다. 하지만 인간은 늘 신을 벤치마킹하는 존재다. 우리는 완벽하지는 않지만 새로운 경험과 목표, 새로운 노력이 들어설 공간을 탁월하게 만들 수 있다. '한 번 더 시도'가 그것을 가능케 한다. 조금씩 비워가면서, 동시에 조금씩 채워가는 전략이다.

많은 사람들이 '점진적인 변화'를 우습게 여긴다. 훈련량은 10분의 1도 따라가지 못하면서, 조던처럼 3점 슛을 매 경기마다 연거푸 성공시키는 꿈을 꾼다. 먼저 비워내지 않고, 송곳 하나 꽂을 틈도 없는 공간에 자꾸만 새로운 목표만 입력시킨다.

그러므로 '한 번 더 시도'를 통한 점진적 변화는 당신에게 강력한 무기가 되어줄 것이다. 기억하고 기억하라. 채우기보다 비우기가 당신을 바꿔놓는다는 사실을.

삶은 기회를 주지 않는다

지금껏 숱한 성공과 실패를 경험하면서 내가 깨달은 교훈은 한 가지다.
'삶은 기회를 주지 않는다.'

삶은 우리에게 '이렇게 살라'고 미리 주어진 것이 아니다. 우리가 '어떻게 살 것인지' 만들어나가는 것이다. 따라서 우리는 세상으로 나아가 스스로 기회를 만들어내는 유형의 인간이 되어야 한다.

기다리지 마라. 공격적이 되어라. 완벽한 '한 번 더 시도'는 없다. 그저 우리는 단순명료하게 시도만 하면 된다. '한 번 더 시도'를 포기하는 것은 자신의 불안과 두려움 안에 숨어버리는 것에 불과하다.

처음 '한 번 더 시도'를 할 때는 우리가 정확히 원하는 것을 얻지 못한다. 하지만 그다음 '한 번 더 시도'에서는 좀 더 명확해진다. 더 이상 '처음 하는 일'이 아닌 것이 된다. 우리는 언제나 처음이 서툴다. '한 번 더 시도'는 처음보다 반드시 진전을 이룬다. '한 번 더 시도'는 새로운 경험의 지평에서 출발하는 것이기에, 더 나은 결과를 얻을 확률이 그만큼 높아진다.

'한 번 더 시도'를 실행하면 할수록 새로운 차원의 수용력이 만들어진다. 수용력이 커지면 커질수록 만족감과 성취감 또한 커진다. 더 자주 승리를 맛볼 것이고, 더 높은 수준의 노력과 훈련을 자연스럽게 열망하게 될 것이다. '한 번 더 시도'는 언제나 목표를 100퍼센트 이상 초과 달성하게 당신을 이끈다. 그러므로 당신은 목표한 모든 일에 최대한의 노력을 쏟아붓는 자세를 자연스럽게 터득하게 될 것이다.

'좀 더 노력했더라면 성공했을 텐데…'
'머리는 좋은데 노력을 하지 않아서 결과가 좋지 않을 뿐입니다.'

실패자들은 결코 최대한의 노력을 쏟아붓지 않는다. 노력의 가치를 가볍게 여기기도 하거니와 '최대한의 노력'과 어울리는 정체성 수준을 갖지 못했기 때문이다.

나는 단언한다.

'최대한의 노력'이 성공에 요구되는 가장 큰 재능이다.

'한 번 더 시도'는 당신에게서 '최대한의 노력'을 끌어낼 것이다. 그리고 이를 통해 당신이 삶에서 원하는 지점까지 접근할 수 있게 한다.

'한 번 더 시도'는 화려하고 거창한 전략이 아니다. '한 번 더 시도'는 조용하고 부드럽게 당신에게 '용기'를 선물한다.

작가 매리 앤 래드매처Mary Anne Radmacher는 이렇게 말했다.

"용기는 큰소리를 내지 않는다. 진정한 용기는 하루를 마감할 때 '내일 다시 해볼 거야'라고 속삭이는 조용한 목소리다."

4장

나의 하루는
72시간이다

THE POWER OF
ONE MORE

현명한 사람에게는 매일매일이 새로운 삶이다.

_데일 카네기

모든 사람은 1분이 60초라는 사실을 받아들인다. 그리고 한 시간이 60분, 하루가 24시간이라는 것도 당연하게 받아들인다. 하지만 성취도가 높은 사람들은 그렇게 생각하지 않는다. '한 번 더'를 습관화한 사람 또한 60초, 60분, 24시간을 당연하게 받아들이지 않는다.

나 역시 하루가 24시간이라고 생각하지 않는다. 나의 하루는 '72시간'이다. 정신 나간 소리로 들릴지 모르지만 사실이다.

나의 하루는 72시간이기에 지금의 성공을 거둘 수 있었다. 내게 주어진 시간을 3배로 늘리는 방법을 알았기에 나의 생산성 또한 3배로 늘어났다. 내가 매우 특별한 사람이라서가 아니다. 나는 그저 '한 번 더'를 생각하고 실행하는 사람일 뿐이다.

이제 그 비결을 당신에게 알려주고자 한다.

새로운 시간표를 짜라

시간은 늘 변함이 없다. 하지만 시간은 변화무쌍한 대상일 수 있다.

당신은 다음과 같은 표현을 얼마나 자주 들어왔는가?

"아이고! 오늘 하루는 너무나 길었어."

"이번 달은 순식간에 지나갔네."

"벌써 주말이 끝났다니, 믿을 수가 없군."

경험과 나이, 현재의 상황을 통해 시간에 대한 우리의 인식은 끊임없이 변한다. 과학자들은 이를 '마음의 시간'이라고 부른다. 이는 손목시계가 가리키는 시간과는 전혀 다른 것이다.

마음의 시간의 속도는 '느낌'으로 전달된다. 반면에 손목시계의 시간은 째깍거리는 시곗바늘로 측정되는 일정한 연대기다.

시간은 인간이 존재하는 데 필수적인 요소이며, 우리가 이 세계를 인식하는 방법이기도 하다. 우리가 누구인지에 대한 우리의 감각은 뇌가 우리의 기억과 현재의 감정, 미래에 대한 기대를 어떻게 연결하는가에 따라 형성된다. 신경학자와 언어학자, 심리학자, 인지전문가 들은 수백 년 동안 시간의 인식에 대한 폭넓은 연구를 수행해왔다.

그리고 다음의 결론을 내렸다.

"시간의 지속 기간에 대한 인식은 개인별로 고유하다."

이는 무슨 의미일까?

우리가 갖고 있던 기존의 시간에 대한 인식을 새롭게 변화시킬 수 있다는 뜻이다. 이를 통해 시간을 우리에게 유리하게 활용할 수 있다는 뜻이다.

시간은 당신에게 가장 소중한 자산이다

시간은 돈보다 소중하다.

돈은 다시 채울 수 있는 자원이다. 은행계좌에 더 많은 돈을 맡길 수 있지만, 인생에 더 많은 시간을 추가할 수는 없다. 시간은 유한하기 때문에 귀하다. 마흔 살 남자가 제아무리 노력해도 서른 살이 될 수는 없다.

작가와 예술가, 작곡가, 시인 들은 시대를 막론하고 시간에 관한 명언을 남겼다.

가장 막강한 두 전사는 인내와 시간이다.

_레프 톨스토이

최고의 현인에게 가장 짜증 나는 일은 시간 낭비다.

_단테 알리기에리

한 번 지나간 시간은 돌아오지 않는다. 하지만 이 소중한 인생 자산을 적절하게 관리할 수는 있다.

나이가 들수록 인간은 이미지를 처리하는 뇌의 속도가 느려진다. 자연스러운 노화 과정이라고 할 수 있다. 아울러 시력과 뇌의 가소성이 약화되고 정보를 전달하는 신경 경로의 기능이 떨어진다. 그리고 이런 변화는 시간이 빠르게 흐르는 것 같은 느낌으로 이어진다. 순간적으로 일어나는 행동에 대한 반응에 있어서도 나이 든 사람이 젊은 사람보다 더 느리다. 나이가 들수록 인간은 써보지도 못한 채 사라지는 시간의 파편들이 압도적으로 많아진다.

또한 우리가 통제할 수 없는 변수들도 존재한다.

신체적으로 피곤할 때 우리의 뇌는 정보를 빠르게 전달하고 처리하는 일을 제대로 하지 못한다. 지친 뇌는 최상의 상태에서 판단하지 못하며 시각이나 청각, 촉각을 최적화된 상태로 입력하지 못한다. 반응 속도 역시 떨어지는데, 이 또한 우리가 시간이 빠르게 흐르는 것처럼 느끼는 이유다. 충분한 휴식을 취하지 못한 선수가 경기를 망치는 것도 같은 이유에서다. 그들의 처리 능력이 떨어졌기 때문이다. 지친 선수들의 시간 감각은 균형을 잃고 만다. 마이클 조던이 때로 야투 성공률이 30퍼센트에 그치는 이유도 여기에서 찾을 수 있다.

심리적 외상이나 약물 복용, 두려움이나 충격에 따른 강렬한 느낌 등도 시간 인식의 변화를 불러온다.

시간 관리 시스템의 5대 원칙

수십 년 동안 나는 목표 달성을 위해 시간 활용을 극대화해야 한다는 생각에 몰입해왔다. 그리고 깨달았다. 타인과 비교하지 않는, 오직 나만의 '시간 개념'을 설정해야 한다는 것을.

우리는 흔히 다른 사람들이 시간을 낭비하면, 안도감을 느낀다. 자신도 시간을 가볍게 써도 된다는 생각에서 위안을 얻는다. 경쟁자가 1주일에 40시간을 일한다는 정보를 입수하면 '그래? 그럼 나도 40시간 정도면 충분하겠군' 하며 미소를 짓는다.

성공하는 사람들은 절대 그렇게 생각하지 않는다. 그들에게는 그들만의 '시간 활용 테이블'이 있다. 그들은 오직 '자신과의 시간 약속'을 충실하게 지킬 뿐이다. 타인들이 그들 자신과의 시간 약속을 잘 지키는지, 안 지키는지를 검토하는 것은 내 목표를 이루는 데 아무런 의미도 없다는 것을 잘 알고 있기 때문이다.

'시간 관리'에 대한 특별한 전략을 얻기 위해 나 또한 온갖 시도를 해봤다. 다른 사람들이 만들어놓은 시간 관리 프로그램을 수도 없이 써봤고, 그들의 책에 수없는 밑줄을 치기도 했다. 하지만 결국 시간을 사용하는 사람은 타인이 아니라 '나 자신'이라는 단순한 진리를 깨달았고, 이를 통해 마침내 나만의 시간 관리 시스템을 만들어낼 수 있었다.

당신에게 이를 따르라고 절대 조언하지 않겠다. 다만 당신만의 시간 관리 시스템을 만드는 데 작은 기여가 되기를 바란다.

내가 만들어낸 시간 관리 시스템의 5대 원칙을 소개해보자.

1 당신의 하루에 더 많은 '하루'를 추가하라

당신이 '한 번 더' 하는 사람이라면 하루가 24시간이라는 개념부터 해체해야 한다. 인터넷이나 스마트폰, 무선 전송 기술, 컴퓨터화된 자동차,

제트기, 위성 통신, 그 밖에 우리의 발자국을 확대하고 빛의 속도로 이동하게 해주는 도구를 갖기 전에는, 분명 우리의 하루는 24시간이었다.

이제 우리는 세계 어디로든 1초 정도면 이메일을 보낼 수 있다. 일일이 만나지 않아도 수십, 수백 명의 사람과 화상회의를 할 수 있다. 구글 검색을 통해 며칠은 걸려야 검토가 가능했던 정보를 단 몇 초 만에 손에 넣을 수 있다. 한 마디로 말해 작업 수행력이 비약적으로 확대됐다. 수십 년 전이라면 한 주나 한 달은 꼬박 걸렸을 일을 이제 5분이면 해치울 수 있게 됐다.

그런데도 수십 년 전이나 지금이나 하루가 24시간이라고?

우리가 시간을 저축할 수는 없다. 아껴 쓴다고 시간 잔고가 늘어나지는 않는다. 하지만 우리는 시간을 '압축'할 수 있다. 최고의 목표를 달성하기 위해 시간에 대한 인식을 변형하고 조절할 수 있다.

당신은 과거 그 어느 때보다 엄청나게 많은 일을 해치울 수 있는 능력과 도구를 가졌다. 그렇다면 이제 그 능력과 도구를 전략적으로 활용해 매일 눈부신 성과를 반복할 수 있어야 한다.

방법은 이렇다.

하루를 단일한 시간 단위로 보지 않는 것이다.

깨어 있는 시간을 '삼등분'하라. 내 경우에는 하루 24시간 내에 '3개의 하루'가 담겨 있다.

'첫번째 하루'는 오전 6시부터 정오까지다. '두번째 하루'는 정오부터 오후 6시까지다. '세번째 하루'는 오후 6시부터 자정까지다.

이렇게 다른 사람들이 일주일을 7일로 산다면, 나는 일주일을 21일로 산다.

큰 하루를 작은 하루들로 쪼개놓으면 '분 단위'의 시간이 더욱 소중하게 느껴지는 효과를 얻을 수 있다. '긴박감'이 더 높은 수준에서 작동하기 때문에 시간을 낭비하는 일이 없어진다. '오늘 꼭 해야 할 일'에 훨씬 더 집중할 수 있게 된다.

이 전략을 통해 나는 일과 대인관계, 생산성, 건강, 취미 생활을 더 짧고 더 강렬한 시간 조각으로 압축한다. 긴 거리를 몇 개의 단거리로 나눠놓으면 '전력 질주' 구간이 그만큼 많아진다. 즉 결승선까지의 시간 거리를 획기적으로 단축할 수 있다.

여기서 세심하게 주의할 것이 있다.

더 작은 하루를 살아가다 보면 너무 생산성에만 매달릴 수 있다. 성공하는 삶은 '균형 감각'을 잃지 않는 것이다. 작은 하루를 사는 이유는 워커홀릭이 되라는 것이 아니라 써보지도 못한 채 사라지는 시간의 파편들을 최대한 모아보자는 것이다. 컴퓨터에서 더 많은 저장 공간을 확보하기 위해 '조각 모으기'를 실행하는 것처럼 말이다. 더 많은 저장 공간을 확보하려는 이유는 컴퓨터를 '최적한 상태'로 유지하기 위해서임을 잊어서는 안 된다.

더 작은 하루를 살면 낡은 습관을 새롭고 효과적인 습관으로 바꿀 수 있다. 어떤 일에 대한 동작과 반응도 더 빨라지는 것을 느끼고, 시간 조절 능력 또한 개선될 것이다.

무엇보다 다음과 같은 멋진 일이 벌어진다.

1년을 1,000일 이상으로 살게 된다! 그 1년이 2년이 되고, 5년이 되고, 10년이 된다면?

이 헤아리기도 힘든 엄청난 이익은 누구의 몫이 되는가? 당신은 이미 답을 알고 있을 것이다.

내 성공의 8할은 바로 하루 24시간을 '3일'로 늘린 데 있다.

2 거리 감각을 훈련하라

독일의 철학자 쇼펜하우어Schopenhauer는 이렇게 말했다.

"평범한 사람은 시간의 흐름에 무관심하다. 하지만 유능한 사람은 시간의 흐름에 따라 움직인다."

세계육상선수권 대회에서 장거리 선수들의 달리는 모습을 본 적 있는가? 선수들은 대부분 마지막 구간에서 가장 빠른 속도를 낸다.

42.195킬로미터를 달리는 마라톤 경기에서 선수들은 처음부터 오랫동안 일정한 속도를 유지한다. 그러다가 결승선에 가까워질 무렵에는 아드레날린 수치가 올라가면서 또 다른 장치가 작동한다. 임무를 완수하고 결승선을 통과할 시간이 눈앞에 다가왔기 때문에 선수들은 속도에 박차를 가한다. 이때 엔도르핀이 분비되면서 뭔가 따뜻하고 긍정적인 기운이 솟구치는 느낌을 받는다.

반면에 100미터 달리기에서는 어떤가? 단거리 선수들은 처음부터 끝까지 전력으로 질주한다.

그렇다면 마라톤 선수와 100미터 달리기 선수 사이의 공통점은 무엇인가?

바로 결승선이 눈앞에 나타났을 때 전력질주한다는 것이다. 결승선이 눈앞에 있기에 100미터 선수들은 처음부터 젖먹던 힘을 다해 달린다. 마라톤 선수들은 처음에는 조깅하듯 뛰다가 이윽고 결승선이 가시권에 들어왔을 때 비축한 온 힘을 다해 스퍼트한다.

당신이 대학 진학을 앞둔 고등학생이라고 해보자.

당신은 학기 말까지 제출해야 하는 주요 과제를 학기 초에 배정받았다. 자, 당신은 과제를 배정받은 즉시 그것을 해치우기 위해 전력으로 달려가는 사람인가?

아마도 아닐 것이다. 대부분의 학생은 이 과제를 해야 할 일의 목록에 올려놓고는 마감 시한이 다가올 때까지 방치할 것이다. 그러다가 마감이 코앞에 닥쳤을 때 공포와 불안, 두려움이 찾아오기 시작한다. '대학을 꼭 가야 하나? 그냥 바텐더나 되지 뭐' 하는 생각이 들기 시작한다. 이런 상황에서 허겁지겁 과제를 제출한다고 할지라도 좋은 점수를 받기는 어려울 것이다.

우리가 인생으로부터 부여받는 과제들도 마찬가지다. 삶에서 꼭 해야 할 중요한 과제들을 최대한 미루다가 흐지부지되고 지리멸렬해진다. 무엇을 시작했는지조차 잊어버리기 일쑤다.

성공하는 사람들은 한결같이 강조한다.

"'긴박감urgency'으로 시간을 맞이하라."

결승선이 눈앞에 나타났을 때 엔도르핀이 분비되면서 긍정적인 에너지를 분출하려면 출발선에서부터 '긴박감'을 갖고 있어야 한다. 그러면 결승선이 코앞에 닥쳤을 때도 불안과 두려움이 찾아오지 않는다. 긴박감으로 무장되어 있지 않으면 결정적인 순간, 불안과 두려움의 압박에 지고 만다.

우리는 모든 일에서 끊임없이 '시간'을 부여받는다. 이 부여받은 시간을 '긴박감'으로 맞이하면 타인은 꿈도 꾸지 못할 성취를 얻을 수 있다.

처음부터 무조건 전력질주하라는 것이 아니다. 긴박감 속에서 진행해야 할 프로젝트의 처음부터 끝까지의 거리를 측정하고, 전력질주 구간을 그 위에 표시하고, 결승선에서 보여줄 퍼포먼스를 치밀하게 검토하라는 것이다.

이 과정에서 형성된 좋은 '거리 감각'은 지속적으로 더 나은 성과에 필요한 '긴박감'을 불러내는 능력을 강화시켜준다.

'내일부터 하자!'

'이게 지금 당장 해야 할 만큼 중요한 일인가?'

'마감까지는 아직도 멀었는걸.'

'이 일이 아니더라도 나는 지금 충분히 바빠. 숨 좀 돌리고 생각

해보자.'

그렇다. 우리는 충분히 바쁘다. 나태하고 게을러서 목표를 달성하지 못하는 것이 아니다. 거리 감각이 없어 지금 100미터를 뛰어야 하는지 마라톤에 나서야 하는지를 모를 뿐이다. 시간에 대한 긴박감, 거리 측정에 대한 충분한 감각이 없는 사람은 결승선을 통과하고 나서도 계속해서 바쁘기만 할 것이다.

3 매일, 주인이 되어라

긴박감을 갖고 시간을 관리하면 하인이 아니라 주인이 될 수 있다. 더 빨리 움직이면 그렇지 않을 때보다 더 많은 시간을 통제할 수 있다. 긴박감을 가지면 인생의 우선순위를 결정하는 능력도 강화된다. 이를 통해 의미와 보람 있는 일에 더 많은 시간을 투입할 수 있다.

성공하는 사람들은 이렇게 말한다.

"아침에 눈을 뜨자마자 우리의 뇌는 하루의 계획을 짜기 시작한다. 즉 아침에 눈을 떴을 때 가장 먼저 떠오르는 생각이 그날 하루를 좌우한다. 하루의 첫 30분이 그날 하루의 성공을 결정한다."

영국의 정치가 체스터필드Chesterfield 경은 이렇게 말했다.

"짧은 시간들을 소중하게 다루어라. 그러면 시간은 스스로를 돌볼 것이다."

이처럼 짧지만 중요한 첫 30분 동안 당신은 무엇을 하겠는가? 눈을 뜨자마자 스마트폰을 습관처럼 켜겠는가? 지금껏 그랬던 것처럼 컴퓨터나 텔레비전 화면을 자동적으로 쳐다보겠는가? 아니면 다시 누워 30분 동안 더 잠을 청하겠는가?

성공하는 사람들이 아침에 일어나서 가장 많이 하는 루틴은 명상, 스트레칭, 평정심 갖기, 그날 있을 중요한 회의와 과제를 대략적으로 시뮬레이션하기 등이다.

그들은 왜 스마트폰을 켜는 대신 이런 일들을 할까? 하루의 나머지 시간을 자신의 뜻대로 통제하기 위해서다. 시간에 자신의 결정을 맡기지 않고, 자신의 결정을 시간이 따르게 하기 위해서다.

당신의 뇌가 하루를 시작한 후 접하게 될 사람이나 행사, 다양한 이벤트로 어수선해지기 전에 집중할 기회를 가져야 한다. 그러면 당신의 뇌는 당신이 '통제권'을 갖고 있다는 메시지를 받게 될 것이다. 이를 통해 당신은 한결 좋아진 자신감과 스스로 결정한 목표로 채워진 하루를 더 매끄럽게 시작할 수 있다.

물론 너무나 당연하게도 하루 종일 다양한 변화와 놀람, 방향 전환이 휙 휙 나타날 것이다. 하지만 아침에 눈을 떠 그날 하루에 대한 큰 그림을 미리 숙고한 사람은 예상치 못한 일에 더 지혜롭게, 더 탄력적으로 대응할 수 있다. 그날 하루 동안 꼭 해야 할 일의 우선순위를 미리 정해놓으면 당황하기보다는 더 큰 통제력을 갖고 목표를 향한 일에 집중하게 된다.

아침에 눈을 뜨면 고요한 생각 속에서 그날 하루에게 지시를 내려라. 그렇지 않으면 그날 하루가 당신에게 지시를 내릴 것이다.

4 성과를 자주 측정하라

내가 입버릇처럼 강조하는 것이 있다.

'성과는 측정할수록 향상된다.'

성공하려면 반드시 성과를 측정하는 습관을 가져야 한다. 지그 지글러Zig Ziglar에서 피터 드러커Peter Drucker에 이르기까지 세계적인 동기부여가와 조직전문가 들은 이 아이디어를 그들의 기본 전략으로 구축한다.

성과 측정은 분명 효과가 있다. 시간의 틀을 단축하고 긴박감을 높일 때는 성과를 측정하는 빈도도 단축할 필요가 있다. 하지만 측정에 시간을 들이지 않는다면 경로를 수정하고 방향을 전환하는 데 큰 어려움을 겪게 된다. 이는 결국 비효율과 시간 낭비로 이어진다.

자신의 측정이 객관적이고 올바른지만 확인하라. 이를 위해서는 목표와 우선순위, 기준을 분명히 정하고 이것들이 어떻게 서로 조화를 이루는지 잘 이해해야 한다. 약점이 무엇인지 파악하는 것은 물론, 그 약점이 어디에서 비롯되었는지도 꼼꼼하게 측정해야 한다.

UCLA 농구팀을 챔피언으로 이끈 존 우든John Wooden 감독은 이렇게 말했다.

"지금은 제대로 할 시간이 없다고? 그럼 도대체 언제 제대로 할 시간이 생긴다는 건가?"

우든은 승리를 위한 큰 전략들은 물론, 선수들이 신발끈을 어떻게 묶어야 제대로 뛸 수 있는지 등과 같은 디테일에 있어서도 철두철미하게 측정하고 개선해나간 인물이었다. 하루도 빠지지 않고 점검 리스트를 빈틈없이 수행함으로써 대학 농구계를 평정했다.

당신의 목표가 1마일을 5분 내에 주파하는 것인가? 아니면 매출을 50퍼센트 늘리는 것인가? 연봉을 5만 달러 이상 더 늘리는 것인가?

그렇다면 당신은 매 순간 '숫자'를 측정하고 평가해야 한다. 숫자를 점검하지 않으면 그 목표들에 제대로 접근하고 있는지 어떻게 알 수 있단 말인가? 숫자를 보지 않으면, 화살을 아무렇게나 난사하면서 과녁에 명중하기를 기대하는 것과 무엇이 다른가?

평범한 사람들이 1년에 한두 차례 자신을 평가하는 기회를 가질 때 최고의 성과자들은 매주 또는 매월 자신의 성과를 측정한다.

당신은 금요일 저녁에 한 주의 성과를 평가하는가, 아니면 일요일 저녁에 지난 한 주를 평가하고 새로운 한 주의 계획을 세우는가? 최고의 성과를 올리는 사람과 '한 번 더'의 습관을 가진 사람은 거의 매일 이같은 점검 절차를 수행한다.

자타가 공인하는 인재들 중에는 '시간 단위'로 자신의 성과를 측정하는 경우도 많다. 최고의 긴박감을 가지고 최고의 효율을 도모하는 것이다. 시간 단위의 측정 루틴은 내게도 실제로 큰 도움이 되어주었다.

생각해보라.

끊임없이 자신을 점검하는 사람과, 그렇지 않은 사람 중 누가 좋은 성과를 올리겠는가?

답은 나도, 당신도 잘 알고 있다.

5 앞으로 가라

너무나 많은 사람이 과거에 갇힌 채 하루하루를 살아간다.

과거는 영원히 지나가버린 것이다. 하지만 그것을 놓지 않으면 과거는 여전히 '현재'로 남아 당신의 꿈과 상상력을 훔쳐가는 도둑이 되고 만다.

우리는 주어진 시간을 오롯이 미래를 준비하는 데 투입해야 한다. 미래는 우리가 향하고 있는 곳이기 때문이다. 그와 동시에 현재와의 조화로운 연결 상태도 유지해야 한다. 과거와 결별하고, 현재를 살며, 미래를 꿈꾸는 것이야말로 성공하는 삶의 대표적인 모습이다.

과거에 갇힌 사람은 크게 두 가지 유형으로 나뉜다.

첫째, '그 일만 생기지 않았더라면…'이다.

이혼만 하지 않았더라면, 좋은 대학을 나왔더라면, 직장을 옮기지 않았더라면, A가 아니라 B에 투자했더라면 우리의 인생은 달라졌을까? 인생에는 '생기지 않는 일'이란 없다. 어떤 일이 생기지 않게 해달라고 기도해서는 안 된다. 어떤 일이 생겨도 그 일에 굴복되지 않게 해달라고 기도해야 한다.

둘째, '내가 왕년에는 정말 잘나갔지…'다.

명문대를 졸업하고, 누구나 부러워할 만한 직장에 다니고, 억대 연봉을 받는 초고속 승진자였던 것이 당신의 미래를 준비하는 데 어떤 역할을 하는가?

과거와 사랑에 빠지지 마라. 과거와 사랑에 빠지면 현재, 그리고 미래와 이별하게 된다.

샤넬의 창업자 코코 샤넬Coco Chanel은 이렇게 말했다.

"벽이 문으로 변하기를 바라면서, 벽을 두드리는 일에 시간을 허비하지 마라."

과거는 그저 벽일 뿐이다. 어떤 경우에도 새로운 시작과 도전의 입구가 되어주지 못한다. 세상은 당신이 어떤 과거를 갖고 있는지에 대해 눈곱만큼도 관심이 없다.

과거에 젖어 한 걸음 물러나지 마라.

'한 번 더'의 습관을 통해 언제나 앞으로 한 걸음 내딛는 사람이 되어라.

바로 그 순간, 시간은 당신의 편이 되어줄 것이다.

'한 번 더' 살라, 당신의 시간을

지금껏 살펴본 시간 관리 시스템의 5대 원칙을 삶에 적용하면 타인들이 당신을 대하는 방식에서도 놀라운 변화가 생겨날 것이다. 당신이 더 이상 시간 낭비를 하지 않는 사람이 된 것을 지켜보면서 그들 또한 당신의 시간을 낭비하지 않으려는 태도를 나타낼 것이다.

그들은 이제 당신이 더 이상 타인의 우선권을 돌보는 데 많은 시간을 쓰지 않는다는 사실을 안다. 당신이 당신 자신을 돌보는 데 집중한다는 걸 깨닫는다.

물론 직장에서는 이성적으로 대처할 필요가 있다. 고용주의 목표와 당신의 목표를 조화시킬 수 있는 방법을 찾고 거기에 적절한 시간을 투입해야 할 것이다.

명심하라. 성공하는 사람은 모두 누군가에게 '인정받는 사람'이다. 직장에서 개인 시간에 집중하는 사람, 그래서 상사에게 인정받지 못하는 사람이 훗날 성공하는 사례는 매우 드물다.

당신의 친구와 가족, 동료 들은 당신의 삶이 '반응' 모드에서 공격 모드로 바뀐 것을 충분히 이해하고 응원할 것이다. 삶을 공격 모드로 전환하면 활기가 생겨난다. 그 활기에 당신의 소중한 사람들도 기꺼이 전염될 것이다. 뭔가를 열심히 하고 적극적으로 도전하는 사람이 곁에 있으면 내 삶과 태도도 그렇게 변해가게 마련이다. 그들은 당신을 존중할 것이고 그들과의 관계는 재정립될 것이다. 점점 그들은 당신을 '리더leader'로 받아들일 것이다.

나아가 시간에 대한 인식과 접근 방식을 바꾸면 당신과 뜻을 같이하는 사람들을 새롭게 만나게 될 것이다. 모두가 '몽상'이라고 비웃던 새로운 프로젝트와 모험에 강력한 동행을 얻게 될 것이다.

영국의 생물학자 찰스 다윈Charles Darwin은 이렇게 말했다.

"한 시간을 아무렇지도 않게 낭비하는 사람은 아직 인생의 가치를 발견하지 못했기 때문이다."

모든 성공은 '시간 관리'에서 출발한다. 그리고 내가 소개한 시간 관리 시스템의 5대 원칙의 밑바탕에는 '한 번 더'의 습관이 깔려 있다.

더 많은 하루를 살고, 한 박자 빠르게 긴박감을 갖고, 한 번 더 자신을 점검하고, 한 걸음 더 미래로 나아가고, 한 번 더 새로운 사람을 만나는 삶을 살면 당신은 성공하지 않을래야 않을 수가 없다.

매 순간 '한 번 더' 살라, 오직 당신만의 시간을.

5장

감정의 지배자,
'한 번 더'의 생각 습관

표현되지 않은 감정은 절대 사라지지 않는다.
그것은 산 채로 파묻혀 있다가
훗날 더 추악한 방법으로 나타날 것이다.

_지크문트 프로이트

감정의 집 청소하기

감정을 이해하는 것은 정말 중요하다. 인간의 삶은 감정의 질과 밀접한 관계가 있기 때문이다. 아울러 삶을 일정하게 통제하기 위해서는 감정을 적절하게 활용할 줄 알아야 한다.

바쁘게 살아가는 틈틈이 행복과 기쁨, 사랑, 평화, 열정을 경험하는 사람은 놀라운 삶을 영위한다. 반면에 증오와 슬픔, 우울, 걱정에 쉽게 휩싸이는 사람은 좋은 삶을 누리지 못한다.

삶의 질은 집이나 자동차, 돈이 아니라 감정의 수준이 결정한다. 인간은 누구나 감정의 집을 갖고 있다. 이 감정의 집을 어떤 감정으로 채우느냐의 문제가 곧 삶의 현실이다.

싫든 좋든, 우리는 이 집에서 날마다 5~6가지의 감정을 경험한다. 좋은 일이 있어도, 아무런 사고가 발생하지 않았음에도 걱정과 불안, 두려움, 근심의 감정에 휩싸이는 이유는 무엇일까? 결코 반갑지 않은 감정들을 왜 떼어내지 못한 채 삶에 주렁주렁 매달고 살아가는 것일까?

이런 감정이 우리에게 익숙하기 때문이다. 우리의 '마음'은 항상 편안하고 익숙한 것을 찾는다. 그것이 비록 불리하게 작용하더라도 말이다. 뇌 속의 시냅스는 편안하고 익숙한 감정들을 찾아내도록 서로 연결되어 있다.

인생을 바꾸고 싶다면 이 감정의 집부터 말끔하게 청소해야 한다. 부정적인 감정들을 비워내고 긍정적인 감정으로 채우라는 뜻이 아니다. 부정적이든 긍정적이든, 모든 감정은 어떻게든 우리에게 도움이 된다. 걱정이라는 감정도 어떤 차원에서는 행복이나 기쁨만큼이나 중요하다. 걱정은 우리를 보호하기 위해 뇌가 사용하는 일종의 경고 시스템이기 때문이다.

따라서 감정을 '부정적 감정'과 '긍정적 감정'으로 나누지 마라. 감정은 그냥 '존재하는' 것이다.

혹자들은 말한다. 부자가 되면 행복이 찾아온다고. 이는 착각이다. 행복이라는 감정을 충만하게 느끼며 살아가는 사람이 부자가 된다. 원하는 것을 다 가졌을 때 감정의 집이 충만해지는 것이 아니라, 감정의 집이 각별한 감정들로 잘 채워져 있을 때 원하는 직업과 집, 자동차를 소유할 가능성이 커진다.

오직 '긍정적'이라 이름 붙인 감정만이 목표 달성에 공을 세우는 것이 아니다. 때로는 슬픔과 좌절도 새로운 희망을 얻는 데 큰 힘이 되어 준다.

'한 번 더'의 습관을 가진 사람은 다음과 같은 질문을 주기적으로 점검한다.

'지금 내가 가장 경험하고 싶은 5~6가지 감정은 무엇인가?'

어떤가? 이렇게 질문을 던지고 나면 추상적인 감정이 뭔가 구체적인 실체로 변하는 느낌이 들지 않는가? 이 같은 질문을 매일, 매주, 매월, 매년, 가치를 지향하는 삶을 살면서 던지면 당신의 감정의 집은 잘 정리된 상태를 유지할 것이다.

또한 이 질문을 던지면, 당신의 뇌 속에 있는 '라스(망상체활성계)'가 당신에게 그런 감정을 경험하게 해줄 환경을 찾는 작업을 시작할 것이다. 라스가 활성화되면 현재 당신이 원하지 않는 감정에 휩싸이는 것을 막을 수 있다. 그 대신 당신에게 지금 절실하게 필요한 감정을 최적의 상태로 유지시킬 수 있다.

감정의 DNA 이해하기

모든 감정의 기원과 상관관계를 이해할수록 파괴적인 감정에서 벗어나 이를 긍정적인 감정으로 대체하기가 쉬워진다. 사람의 감정은 그 사람이 지닌 성격의 주요 원동력이다. 감정은 우리가 매일 내리는 수많은 결정에 엄청난 영향을 미친다. 감정은 복잡하고 예측이 불가능하며, 예상치 못한 방식으로 다양한 소용돌이를 일으킨다.

철학자 플라톤Platon은 이렇게 말했다.

"인간의 중요한 행동은 욕망, 감정, 지식이라는 3대 원천에서 나온다."

인간은 감정의 동물로 태어난다. 인간의 감정은 지금 이 순간에도 끊임없이 진화하고 있다. 감정은 인간의 행동을 이끌고, 우리의 정체성과 관련된 DNA의 일부로 그 역할을 한다.

과학자들은 감정이 외부 자극에 대한 '낮은 수준'의 반응으로 DNA 속에 암호화되어 있다는 사실을 발견해냈다. 감정은 여러 환경상의 위협에 대한 반응, 가장 잘 알려져 있듯 '싸울 것이냐, 도망칠 것이냐'와 같은 반응의 방식으로 발전한 것으로 여겨진다.

감정은 편도체와 복부전두엽피질을 포함해 뇌의 피질하 영역에서 나온다. 감정이 분출되면 사람의 신체 상태에 직접적인 영향을 미치는 생화학적 반응이 일어난다. 편도체는 기억 형성에 필수적인 신경전달물질을 분비하는 역할도 한다. 너무 깊이 들어가지만 않으면, 감정적인 기억이 더 강렬하고 회상하기 쉬운 것도 그런 이유 때문이다.

감정의 틀을 재구축하라

앞에서 나는 감정에게 '긍정적' 또는 '부정적'이라는 수식어를 붙이지 말 것을 주문했다. 하지만 감정에 대한 좀 더 이해하기 쉬운 설명을 위해 이 구분을 편의상 따르도록 해보자.

긍정적인 감정과 마찬가지로 부정적인 감정도 주변에서 일어나는 일에 대한 이해를 돕는 소중한 인지정보의 공급원이다. 이때의 감정은 위협을 식별하고 발생 가능한 위험에 대비하는 데 기여한다. 부정적인 감정은 어떤 특정한 상황의 양면을 살펴보는 데 필요한 균형추 역할을 한다. 두려움이나 불안, 걱정은 적절하게 활용할 수만 있다면 우리가 행동을 검토하고 이를 개선하는 데 유용한 동기를 제공한다.

여기 또 하나의 중요한 감정이 있다.

'죄책감'이다. 죄책감은 도덕적 잣대와 연결되어 있다. 죄책감은 가치지향적인 삶을 사는 사람들에게 '가혹하게' 작용하는 경향이 강하다. 즉 우리는 자신에게 엄격한 벌을 내릴 때가 많다. 죄책감은 범죄, 세금 포탈, 배우자를 속이는 일, 음주운전 등을 예방하는 효과가 분명하다. 하지만 이것이 너무 지나치게 가혹한 잣대로 작용하면 목표를 향한 도전 의지가 약화된다.

'질투'도 양면을 가진 감정이다. 뛰어난 성과를 거둔 경쟁자를 향한 질투는 나를 더 낮은 곳으로 추락시킬 수도 있고, '다음 번의 승자는 나다!'라는 전의를 더 뜨겁게 다지게 할 수도 있다. 질투에 눈이 멀면 인생을 망칠 수도 있고, 질투를 동기부여 차원에서 활용하면 그 어떤 감정보다 더 적극적으로 당신을 목표 달성의 길로 이끈다.

이처럼 두려움, 불안, 걱정, 죄책감, 질투 등등을 '부정적 감정'이라 부르는 것은, 감정의 한 단면에만 집착한 결과일 뿐이다. 우리가 갖고 있는 모든 감정은 오롯이 그것을 우리가 어떻게 활용하는지에 따라 그 결과가 달라진다. 뛰어난 운전자는 어떤 차든 상관없이, 그 차의 특성을 잘 파악해 목적지까지 성공적으로 몰고 간다는 사실을 기억하라.

가장 중요한 핵심은 '감정에 휩싸이지 않는 것'이다.

자신을 찾아온 감정을 잘 확인하는 법을 배우면 감정이 당신에게 달라붙는 속도와 강도가 느슨해진다. 다시 말해 감정을 잘 확인하면 감정이 우리를 집어삼키지 못한다. 감정에 대한 인식력을 높이면 그 감정에 대한 통제력을 확보할 수 있다.

'한 번 더' 생각하는 습관은 감정 통제에 유용한 도움을 준다. 문득 두려움을 느꼈을 때는, 그 두려움이 거대한 용이 되어 당신을 집어삼키기 전에, 그 두려움이 어디서 왔는지, 왜 나를 찾아왔는지 침착하게 '한 번 더' 생각하라. 그러면 잠시 당신을 찾아왔다가 다시 당신을 떠나는 두려움의 뒷모습을 담담하게 바라볼 수 있게 될 것이다.

'한 번 더' 생각하는 습관은 감정들에게 '부정적'이라고 붙은 이름표를 떼어낸다. 바로 그 순간, 더 강력해진 '긍정적' 감정들이 새롭게 탄생한다. 그리고 이 좋은 감정들이 당신에게 새로운 에너지를 제공하고 새로운 목표와 방향을 설계하는 데 도움을 줄 것이다.

'한 번 더' 생각하는 습관은 감정을 재발견한다. 다시 강조하지만 두려움, 불안, 기쁨, 즐거움, 불행, 행복, 절망, 자신감 등등은 각기 독립적인 존재가 아니다. 행복과 자신감은 불행과 두려움의 감정을 재발견해낸 결과다. 의심과 절망을 자신감과 성취감으로 재발견해낸 사람은 더 강력한 동기부여와 목표의식, 도전 의지를 선물받는다.

삶의 맨 밑바닥까지 추락한 사람이 1년 만에 놀라운 성공을 만들어 언론의 머릿기사를 장식하는 사례가 이 지구상에는 얼마나 많은가? 그들의 성공 스토리의 배경에는 '한 번 더'의 생각 습관과 감정의 재발견이 긴밀하게 연결되어 있다는 사실을 명심하라.

나아가 '한 번 더' 생각하는 습관은 '할 수 없다'를 '할 수 있다'로 바꾸는 기회를 더 많이 확보한다. 처음에는 도저히 할 수 없을 것 같아 포기했던 일을 시간을 두고 천천히 곱씹어보면, 뭔가 해낼 수 있었던 일이라는 것을 우리는 참 많이도 깨닫지 않던가?

이는 '한 번 더' 생각함으로써 감정의 틀을 재구축하는 데 성공했기 때문이다.

감정에게 출입구를 만들어주어라

감정을 재해석하고, 재구성하고, 재발견하는 일은 물론 쉽지 않은 과제다. 하지만 이는 성공으로 가는 명쾌한 프로젝트다.

감정의 소용돌이에서 쉽게 빠져나오지 못하는 이유는 '마음의 장벽' 때문이다. 왜 우리는 배우자나 연인을 위해 꽃을 사는가? 그들을 얼마나 사랑하는지 보여주고 싶기 때문이다. 동시에 꽃 선물에 대한 보상으로 그들이 나를 더 사랑해주기를 바라기 때문이다. 몇 시간씩 운전을 해 해변으로 가는 이유는 마음을 차분히 가라앉히고 평화를 맛보고 싶기 때문이다. 산책을 하는 이유는 생각을 정리하기 위해서다. 직장에서 열심히 일하는 이유는 연말에 두둑한 성과급을 지급받기 위해서다.

그런데 이 모든 보상이 기대만큼 이루어지지 않는다면? 그렇다. 그때 우리는 실망, 낭패, 좌절, 불안, 초조에 강렬하게 휩싸인다. 그리고 한 번 맛본 낭패의 감정은 오랫동안 마음에 각인되어 결정적인 순간마다 우리의 발목을 잡는다. 이렇게 마음에 굳은 벽이 점점 생겨나고, 벽

안에 갇힌 감정들은 빠져나갈 출구를 찾지 못하게 된다.

그래서 세상에는 크게 두 가지 유형의 사람이 존재한다.

첫째, 끝없이 우울하게 사는 사람이다.

둘째, 언제나 행복하게 사는 사람이다.

오직 감정적인 차원에서 성공을 정의하자면, '우울'을 '행복'으로 이동시키는 작업이다. 어떻게 이것이 가능한가?

누누이 강조하지만 '한 번 더' 생각하는 습관이다. 이를 통해 '우울'에게 빠져나갈 출구를 만들어주는 것이다.

어떤 감정이든 간에 순환하지 못하고 마음 한켠에 지속적으로 쌓이면 병이 되고 만다. 우울이라는 감정을 계속 쌓아놓아서 끝없이 우울하게 사는 것이 아니다. 행복이라는 감정을 계속 쌓아놓아서 언제나 행복하게 사는 것이 아니다. 그냥 감정을 쌓아놓았기 때문에 그것이 우울이 된 것이다. 감정에게 출구와 입구를 만들어주어 건강하게 선순환하도록 마음의 시스템을 구축한 사람은 늘 긍정적인 기분으로 행복감을 맛보며 사는 것이다.

알코올과 니코틴, 카페인 중독인 사람이 성공한 경우를 본 적 있는가? 그들이 행복하게 웃는 것을 본 적 있는가? 너무나 당연하게 그런 사람은 존재하지 않는다.

그들은 사업에 실패했기 때문에, 가족에게 버림을 받았기 때문에, 더 이상 재기할 수 없을 정도로 무능력해졌기 때문에 중독자가 된 것이 아니다. 그들은 '한 번 더' 생각하는 습관을 포기했기 때문이다.

우리가 실패의 나락을 떨어지는 이유는 진짜 실패했기 때문이 아니다. 생각을 멈추고 포기한 채 격렬한 자책을 만드는 감정에 의지함으로써 실패에서조차 보상을 얻으려고 하기 때문이다.

생각은 상상 이상으로 힘이 세다. 생각만 포기하지 않으면 절대 실패하지 않는다. 생각을 포기하지 않는 사람은 반드시 일어선다. 성공은 강력한 운과 재능, 눈부신 학력과 경력이 만들어내는 것이 아니다. 성공은 강력한 멘탈의 소유자가 얻는 성취다.

'한 번 더' 생각하는 습관은 당신의 멘탈을 바위처럼 단단하게 만들어간다.

환대하라, 나를 찾아오는 감정들을

《부자 아빠, 가난한 아빠Rich Dad, Poor Dad》를 쓴 로버트 기요사키Robert Kiyosaki 는 이렇게 말했다.

"감정은 우리를 인간으로 만들어준다. 우리를 현실적으로 만든다. 감정이란 단어는 움직이는 에너지를 나타낸다. 우리는 자신의 감정에 진실해야 하며, 감정을 나에게 유리하게 활용할 줄 알아야 한다."

감정을 나에게 유리하게 활용하는 전략이 곧 '한 번 더' 생각하기다.

인간은 대부분 자신의 행동에 대해서는 생각을 많이 한다. 하지만 감정에 대해서는 충분한 시간을 들여 숙고하지 않는다. 따라서 당신은 사람들이 하지 않는 일을 해야 한다. 성공하는 사람이 늘 소수인 이유는 다수가 선택하지 않는 일을 선택하기 때문임을 명심하라.

충분히 시간을 들여 당신이 원하는 것이 무엇인지 더 자세하게 살펴보도록 하라. 이런 생각의 시간을 가질 때 비로소 우리는 진실해진다. 감정의 건강한 선순환은 진실한 생각과 마음에서 비롯된다.

매일 품고 살아가는 감정들의 합성물, 이것이 곧 우리 인간이다. 감정은 노력과 인내의 결과물이 아니다. 감정은 탁월한 사고와 통제력의 산물이다. 감정은 길들임의 대상일 뿐, 우리의 삶을 송두리째 망쳐놓는 괴물이나 악한 존재가 아니다.

손님이 나의 집에 오랫동안 머무르면, '손님'이라는 감각이 무뎌지듯이 하나의 감정에 오랫동안 붙들리면 그 감정에게 내 마음의 모든 방을 내주고 만다.

명심하라.

감정에게 마음의 집을 통째로, 속수무책으로 내주지 마라.

감정들이 부지런히 마음의 집을 오갈 수 있도록 말끔하게 청소해놓고 찾아오는 그들을 환대하라. 정신없이 날뛰는 손님들로 가득한 집에서 평화와 행복이 피어날 리 만무하다.

그리고 또 명심하라.

감정이 우리를 해치는 것이 아니다. 우리가 감정을 해칠 뿐이다.

과학자들의 연구에 따르면, 인간은 뭔가 몰입해서 추구할 때는 감정의 영향을 별로 받지 않는다. 즉 감정을 잘 통제한다. 그러다가 예상치 못한 실패나 패배를 맛보는 순간 통제력을 잃은 감정들이 한꺼번에 밀려나온다. 실패 때문에 부정적인 감정들이 더 강력해지는 것이 아니라는 뜻이다.

이를 '한 번 더' 숙고하라.

'한 번 더' 의식적으로 찾아라

'한 번 더' 생각하는 사람은 감정을 자신에게 유리하게 바꿔놓을 줄 안다. 이는 완전히 새로운 주소로 이사를 가는 것과도 같다.

원하는 것을 얻는 데는 행동만으로는 부족하다. 우리는 큰돈을 벌고 나서도 불행과 비참에서 벗어나지 못하는 사람들의 이야기를 흔하게 접한다. 그들은 호화주택에 살며 1억 달러의 예금이 있다고 해도 두려움과 탐욕, 불신에 허덕인다.

앞에서 배운 것들을 복습해보자.

큰돈을 벌어도 불행한 것은 마음의 온도조절기가 낮은 수준에 머물러 있기 때문이다. 부자가 되어도 자동적으로 행복해지지 않는다. 부자가 된다고 해서 마음의 집에서 날뛰는 감정들이 저절로 사라지지 않기 때문이다.

'한 번 더' 의식적으로 행복을 찾고 '한 번 더' 의식적으로 즐거움과 긍정적인 태도를 찾아야 한다. '한 번 더' 친절과 관용을 베푸는 길을 적극적으로 찾아내야 한다. 이를 통해 마음의 집에 숙박하고 있는 감정들의 리스트를 새롭게 혁신해야 한다.

작가 테레즈 베네딕트Therese Benedict는 이렇게 말했다.

"정직한 삶의 길을 갈 때, 우리는 진실한 삶을 살게 된다."

그렇다. 감정을 관리하고 다스리는 데 가장 요구되는 두 가지는 '정직'과 '진실'이다. 감정은 우리가 목표에 이르렀을 때 얻는 부산물이나 전리품이 아니다. 감정을 지혜롭게 관리하지 못하면 목표를 이룰 수 없다. 감정은 성공에 매우 중요한 가치라는 사실을 잊어서는 안 된다.

감정을 변화시키는 것은 가치지향적인 행동이고 정직한 훈련이다. 자신의 감정에 진실하지 못한 사람이 어떻게 타인에게 '이봐요, 나는 좋은 감정들과 함께 사는 진실한 사람입니다'라고 설득시킬 수 있겠는가? 감정에 솔직하면 감정 또한 당신을 솔직하게 대우할 것이다.

1억 달러의 예금과 1억 달러 가치의 감성을 동시에 얻는 것, 그것이 성공의 궁극적 본질이다.

솔직함과 진실함이 이를 가능케 만든다.

감정을 다스리는 4가지 지혜

성공하는 사람들이 감정을 다스리는 데 가장 많은 공을 들이는 방법들을 소개해보자.

• **명상**. 뇌의 속도를 늦추고 집중하며 자신이 원하는 것에 마음을 모으면, 뇌는 우리를 목표에 더 가깝게 데려다준다. 의식적으로 분노나 두려움을 던져버리자고 결심하면 평화와 안정이 들어설 공간이 생겨난다. 명상으로 하루 일과를 시작하라. 오늘 하루에 도움이 되지 않을 부정적인 감정을 천천히 걷어내고 감사의 마음과 긍정적인 자세를 실행한다. 그런 다음 그날 해야 할 일의 우선순위를 정하는 데 집중한다. 무엇보다 앞으로 나가는 자세를 잊지 않는다. 뒤로 물러선다는 것은 지금 하고 있는 명상이 당신에게 불리하게 작용하고 있다는 반증이다.

· **균형 찾기.** 워커홀릭이 되지 마라. 아무리 좋아서 하는 일이라고 해도 휴식과 회복을 위한 시간을 반드시 확보하라. 의식적으로 재충전 시간을 낼 수 없다면 일하는 틈틈이 그것을 작은 시간으로 쪼개라. 균형을 찾지 못하면 어떤 목표를 손에 넣든 '반쪽'에 불과해진다. 반려견과 함께 산책하는 것도 훌륭한 재충전 연습이다. 그리고 명심하라. 재충전은 원상을 회복하는 행위가 아니다. 재충전은 언제나 '새로운 습관'을 만드는 데 초점이 맞춰져야 한다. 새로운 습관이 새로운 목표를 만들고, 새로운 목표가 '새로운 충전'을 만든다. 이 새로운 충전을 얻기 위해 당신이 해야 할 노력이 곧 '균형 찾기'다.

· **흥분을 유발하는 자극제를 확인하라.** 이것은 다시 '지향성'으로 거슬러 올라가 설명할 수 있다. 당신을 화나게 하거나 좌절하게 만드는 것이 무엇인지 파악하라. 사람들이 약속 시간에 늦거나 약속을 취소하면 견딜 수 없는가? 만나면 소름끼칠 정도로 유난히 짜증나는 동료가 있는가? 정치나 세금, 지구 온난화, 아동 학대 같은 문제가 당신의 화를 돋우는가? 천천히 시간을 들여 당신의 흥분 유발 요인을 들여다보라. 이 연습만으로도 당신은 대부분의 감정을 통제할 수 있게 된다. 감정을 들여다보지 못하면 결국 감정에게 먹히고 만다.

· **생각의 방식을 대담하게 바꿔라.** 대담하지만 간단한 방법은 '한 번 더' 생각하는 것이다. '한 번 더' 생각하면 방향의 전환을 도모할 수 있다. 감정을 부정적인 상태에서 긍정적인 상태로 이동시킬 수 있다. 분노와

흥분을 유도하는 감정을 열정적인 동기부여의 수준으로 끌어올릴 수 있다. '한 번 더' 생각하는 습관과 연습은 당신을, 감정이라는 기어를 적절하게 넣으면서 목표를 향해 달리는 최고의 운전자로 성장시킬 것이다.

6장

'한 번 더'
당신의 사람을 만들어라

당신의 사람을 능가하는 사람은 없다.

_존 우든

대인관계를 섬세하게 조율하면 당신은 자신의 행동을 변화시키고 그에 따른 결과를 크게 상승시킬 수 있다. 사람은 단 한 번의 잘못된 관계만으로도 삶 전체를 바꿀 기회를 날려버릴 수 있다.

당신의 삶을 둘러싸고 있는 핵심 인맥들을 지속적으로 개선시켜나가기 위해서는 '한 번 더'의 사고와 행동이 요구된다. 한 번 더 그들을 생각하고 한 번 더 그들과 발전된 행동을 도모할 때 당신과 당신의 사람들은 목표, 기준, 성과에서 그 가치를 빛낼 것이다. 인생의 강력한 원동력 중 하나는 당신의 사람들이 당신이 기대하는 방식으로 나아가는 것이다. 따라서 당신은 언제나 '한 번 더' 당신의 사람들을 생각하고 이끌어야 한다.

당신의 사람이 곧 당신이다

영국의 시인 존 던John Donne은 이렇게 노래했다.

　그 자체로 온전히 섬인 사람은

　아무도 없다,

　모든 인간은 대륙의 한 조각이며

　전체의 일부다.

　흙덩이 하나가 바닷물에 씻겨나갈 때,

　유럽은 그만큼 줄어들 것이다.

　곶이 그렇게 되어도 마찬가지고,

　친구들의 집이나

　그대 자신의 집이라도 마찬가지다.

　어떤 사람의 죽음이든 그로 인해 내가 줄어드는 것은,

　내가 인류에 속했기 때문이다.

　그러니 누구를 위하여 종이 울리는지

　알려고 하지 마라.

　종은 그대를 위하여 울리는 것이다.

　나도, 당신도 섬이 아니다.

　우리는 '대인관계'를 통해 우리의 정체성을 형성한다. 우리가 대부분의 시간을 들여 어울리는 사람들이 우리의 삶에 가장 강력한 영향력을 행사한다. 그 중에서도 특히 당신의 '동료 그룹'이 당신 삶에 매우 중요한 역할을 한다. '한 번 더'의 습관을 통해 동료 그룹에게 훨씬 더 많은 리더십과 통제력을 발휘하는 것, 그것이 핵심 목표다.

당신의 동료 그룹은 당신의 세계에서 가장 강력한 힘이자 영향력 있는 대리인이다.

당신은 늘 질문을 던져야 한다.

'이 그룹에 누구를 받아들일 것인가?'

성공하려면 당신의 기준과 당신의 동료 그룹의 기준이 일치해야 한다.

미국의 종교지도자 윌리엄 보에커William Boetcker는 이렇게 말했다.

"사람은 그의 동료를 통해 평가받는다. 기업은 직원들을 통해 평가받는다. 민주국가의 국민은 자신들이 선출한 지도자의 역량을 통해 평가받는다."

그렇다. 우리는 싫든 좋든, 우리의 친구들을 통해 규정된다. 살아가면서 뭔가 잘 안 풀리거나, 저조한 컨디션에서 벗어나지 못하고 있거나, 슬럼프에 빠진 것 같은 느낌이 들때는 가장 먼저 현재 당신이 맺고 있는 '관계'부터 점검해보아야 한다. 삶에 뭔가 이상신호가 나타났을 때는 분명 당신이 변했거나, 당신의 친구들이 변했을 것이다.

'한 번 더'의 습관은 여기에서 빛을 발한다. 좋은 친구들을 재발견하고, 정리해야 할 친구들의 목록을 작성하고, 새로운 친구들을 받아들일 가능성을 고려할 때 '한 번 더'의 습관은 당신의 충실한 파트너가 되어줄 것이다.

과녁 안의 원들을 점검하라

당신의 인간관계를 사격장의 과녁처럼 일련의 동심원으로 생각하라.

과녁에 그려진 각각의 원은 당신이 살면서 만나는 사람들과의 다양한 친밀도를 나타낸다. 원의 중심에 가까워질수록 더 중요한 사람들과 연결된다.

예를 들어 가장 바깥쪽에 있는 원은 일상적으로 마주치는 낯선 이들로 채워진다. 그들은 스포츠 바의 옆 테이블에 앉아서 당신과 같은 경기를 시청하는 사람들일 수도 있다. 또는 당신의 제품이나 서비스를 자세하게 알아보기 위해 문의 전화를 걸어오는 잠재고객일 수도 있다. 낯선 이들은 당신의 삶에 끊임없이 등장했다가 사라진다. 다시는 보이지도 않고 소식도 들리지 않는다. 따라서 그들과의 관계는 그냥 가볍게 무시해도 좋을 수준이다.

그다음 원에는 당신이 종종 마주치는 사람들이 존재한다. 단골 매장의 정육 코너 직원, 아들 친구의 부모 등이 여기에 해당된다. 당신은 가볍게 나누는 짤막한 대화를 통해 그들과 연결되고, 당신은 그들을 마주칠 때마다 별 뜻 없이 상호작용을 한다.

바깥쪽 원들에는 이보다 좀 더 가깝게 이어지는 평범한 관계도 존재한다. 딸아이의 담임교사, 테니스 동호회원 등에게는 제한적인 에너지만 할애해도 충분하다. 적당한 거리를 유지하며 정보를 공유하는 것만으로도 좋은 관계가 유지된다.

가장 안쪽의 가장 작은 원에는 당신에게 매일 지속적인 영향을 주는 소수의 사람들이 존재한다. 당신의 배우자, 부모, 자녀, 그리고 당신의 핵심 동료 그룹이다. 그들과의 관계는 매우 중요하고, 시간과 열정을 쏟을 충분한 가치가 있다. 여기에는 흔들릴 때마다 지혜롭게 당신을 잡아주는 멘토, 함께 땀흘려 사업을 성장시켜온 동업자들도 속할 수 있다. 그저 찾아가는 것만으로도 위안이 되는 친구들도 여기에 속할 수 있다. 이 원 안에서 가장 눈에 띄는 키워드는 '신뢰', '헌신', '친밀함', '성공과 행복의 동행'이다.

그리고 당신은 이 모든 원의 정중앙에 위치한다.

당신의 삶으로 들어온 사람들은 과녁의 중심을 향해 더 접근하거나 더 멀어진다. 그것이 인생의 본질이다. 이 과정은 몇 년이 걸릴 수도 있고 빠르면 몇 주밖에 안 걸리기도 하지만, 그 사람들이 당신의 한평생 내내 하나의 원에 정체되는 경우는 드물다.

명심하라. '목적이 다 이루어진 관계'에는 반드시 변화가 요구된다.

당신은 바깥쪽 원에 있는 사람을 안쪽 원으로 새롭게 배치할 수 있다. 이와 반대의 결정도 물론 할 수 있다. 전혀 새로운 사람을 과녁 안으로 끌어당길 수도 있다. 끊임없이 당신의 과녁을 기웃거리는 사람들을 완벽하게 차단할 수도 있다.

그럼에도 불구하고 대부분의 사람들은 자신의 대인관계에 별다른 통제권을 행사하지 않는다. 모든 사람을 하나의 원 안에 몰아넣어 놓는다. 우선순위와 가치순위가 명확하게 결정되지 않은 관계 속에서 이리저리 치이고 허우적대다가 결국 중요한 사람들을 잃고 만다. 과녁 안에 사람들은 북적이는데, 그 어떤 사람에게서도 위안과 동기부여를 얻지 못한다. 대부분의 시간을 당신의 사람들에게 쓰는데, 그들에게서 얻는 에너지는 너무나 빈약하다.

크고 작은 원으로 이루어진 과녁을 매일 '한 번 더' 점검하라. 당신의 대인관계를 오직 이해타산적인 태도로 살펴보라는 것이 아니다. 안쪽에 있어야 할 사람이 바깥쪽에 위치하고 있지는 않은지, 과녁 안에 새로운 인재가 들어올 공간이 너무 부족하지는 않은지, 가장 바깥쪽 원에 있어야 할 사람이 과녁의 정중앙에 위치하고 있지는 않은지 매일, 매주, 매월 '한 번 더' 들여다보라.

당신의 사람들은, 허우적대는 무능한 당신을 원하지 않는다. 적절한 리더십과 통제력을 행사해 자신을 높은 수준으로 이끌어줄 유능한 리더로서의 당신을 원한다.

뇌는 언제나 친밀함을 향한다

지난 90일 동안 가족을 제외하고 당신이 가장 많은 시간을 함께 보낸 사람은 누구인가? 한두 명이나 세 명, 네 명 이상이었나? 그들은 당신이 당신의 삶에서 가장 원하는 것들을 몇 개나 갖고 있는가? 경제적 자유, 사업의 성공, 건강 수준, 충만한 영성, 조화로운 감정 등등 그 무엇을 막론하고 말이다.

만일 그들이 당신이 추구하는 것들을 전혀 추구하지 않는다면, 당신의 기준과 가치, 목표와는 전혀 다른 것들을 갖고 있다면, 그들은 당신의 핵심 그룹에서 제외되어야 한다. 단순히 당신보다 돈이 더 많다고 해서, 당신보다 더 빨리 성공했다고 해서, 당신에게 그럴듯한 인맥을 만들어줄 것 같다고 해서, 곁에 두면 언젠가 큰 도움이 될 것 같다고 해서 그들을 과녁의 안쪽 원에 배치해서는 안 된다. 당신의 핵심 그룹이 당신 삶의 핵심 가치를 공유하고 있지 않다면, 더 이상 그들은 당신의 핵심 그룹이 아니다. 즉각 새로운 관계 모색에 나서야 한다.

또 하나 중요한 것이 있다.

당신의 핵심 그룹 내에 파산, 건강 악화, 감정 조절 불가, 게으름 등의 키워드를 가진 사람이 있다면 이들 또한 제외되어야 한다. 많은 사람들이 이 관계의 재조정을 힘들어한다. 사랑한다는 이유로, 상처 주기 싫다는 이유로, 나를 무척이나 의지하고 좋아한다는 이유로 그들을 핵심 그룹 내에 껴안고 있으면, 당신의 삶은 부정적인 영향을 끊임없이 받게 된다. 그들을 좀 더 바깥쪽 원으로 이동시켜야 한다.

우리의 뇌는 언제나 '친밀함'을 향한다. 즉 우리의 뇌는 우리의 '핵심 그룹'을 향한다. 당신의 목표를 공유하고, 당신의 가치를 함께 추구하는 사람으로 채워진 핵심 그룹을 떠올려보라. 동시에 당신이 결코 원하지 않는 것들을 갖고 있는 사람으로 채워진 핵심 그룹도 상상해보라. 당신의 뇌가 어떤 곳을 향하기를 원하는가?

핵심 그룹과의 교류에서는 양보다 질이 중요하다. 얼마나 많은 시간을 쏟았느냐가 관계의 질을 결정하지 않는다. 당신의 핵심 그룹이 건강하고 생산적인 사람들이라면, 그들은 오히려 당신이 자신에게 지나치게 집중하지 않기를 바랄 것이다.

그렇다. 당신의 핵심 그룹이 어떤 수준에 있는지 평가하고 싶다면 다음의 질문들이 유용하다.

그들은 내게 기회만 있다면 무리한 부탁을 할 사람들인가?

그들과 나는 치우침 없이 서로 조화로운 관계를 이루고 있는가?

그들과 나는 긴장과 격려를 함께 나누는 선의의 경쟁자인가?

그들과 나는 상호 독립적인 관계인가?

최고의 파트너십을 발휘해 함께 큰 성공을 거둔 스티브 잡스Steve Jobs
와 스티브 워즈니악Steve Wozniak, 워런 버핏Warren Buffett과 찰리 멍거Charles
Munger, 오프라 윈프리Oprah Winfrey와 게일 킹Gayle King 등을 생각해보라.

당신의 삶을 함께 할 최고의 동행은 누구인가?

우정은 서로 같은 곳을 바라보고, 같은 길을 걸어갈 때 꽃을 피운다.

'나는 성공과 우정 둘 중에 하나를 선택하라면, 주저없이 우정을 선
택하겠어!'

이런 말도 안 되는 선택을 하지 마라. '한 번 더'의 습관이 그런 치명
적인 실수를 예방해줄 것이다. 최고의 파트너는 당신과 같은 꿈을 꾸
고, 그 길 위에서 당신과 선의의 경쟁을 펼치는 사람이다.

미국의 정치가 벤저민 프랭클린Benjamin Franklin은 이렇게 말했다.

"사람을 선택할 때는 신중해야 한다. 그 사람을 바꿀 때는 더 신중해
야 한다."

당신의 핵심 그룹을 평가할 때는 신중하면서도 냉정해야 한다. 당신
이 그들에게 원하는 것이 무엇인지에 대해 정직해야 한다. 자동차 정비

를 성공적으로 하려면 현재의 자동차 상태에 대한 철저한 점검이 이루어져야 한다.

대인관계도 마찬가지다. 경솔하게, 두루뭉술하게, 추상적으로 파악해서는 안 된다. 핵심 그룹에 대한 신중하고 냉정한 평가를 통해 당신의 목표와 현재 위치, 가치의 재발견 등이 함께 이루어질 때 비로소 대인관계의 정비가 성공적으로 수행된다.

많은 사람들이 대인관계 정비에 실패하는 이유는 간단하다. 어려운 결정을 하고 싶지 않아서다. 그래서 결정을 자꾸만 미루어둔 탓에 정비해야 할 것들이 산더미처럼 쌓여, 나중에는 이를 어떻게 처리할지 엄두조차 내지 못하게 되기 때문이다.

그래서 가장 효과적인 방법은 언제나 '한 번 더'다. '한 번 더'는 어려운 결정을 조금씩 조금씩 쉽게 만든다. 미루고 회피하는 습관을 없애준다.

매일 '한 번 더' 당신의 과녁을 정조준하라.

당신은 지금 누구와 함께 하고 있는가?

핵심 그룹의 오디션 전략

핵심 그룹은 3~5명이면 이상적이다.

물론 당신의 핵심 그룹은 이보다 규모가 작거나 클지도 모른다. 그렇다고 해서 15~20명은 되어야 한다고 고집 피우지는 마라. 규모가 크면 클수록 관계의 질은 하락한다. 쏟아붓는 에너지 대비 가성비가 최악으로 떨어진다. 핵심 그룹과 시간을 보내는 일이 점점 힘겹게 느껴질 때는 가장 먼저 그 숫자부터 줄여라.

인생은 언제나 선택이다. 선택이 모든 것을 좌우한다. 당연하게도 우리는 현명한 선택을 해야 한다. 현명한 선택이란 대부분 '줄여나가는' 행위다. 가볍고 홀가분한 사람이 뭔가에 짓눌려 신음하는 사람보다 실패할 확률이 압도적으로 낮다.

핵심 그룹의 숫자를 눈에 띄게 줄였는가? 자, 그렇다면 이제 그 그룹의 입장 기준을 적절하게 평가해보자.

어떤 사람을 핵심 그룹에 편입시킬지에 대한 마법의 공식 같은 것은 없다. 다만 다음의 몇 가지는 반드시 '한 번 더' 고려하라.

첫째, 그는 정서적으로 충분히 안정된, 성숙한 감각의 소유자인가?

뛰어난 능력, 지칠 줄 모르는 열정, 사람들을 끌고 가는 리더십 등은 두 번째다. 그를 영입하는 데 가장 먼저 고려해야 할 것은, 그가 충동이 아닌 이성에 바탕한 합리적인 결정을 내리는 사람인가다. 합리적인 사람들이 핵심 그룹에 많으면 감정적인 사람들도 점점 이성적인 결정을 내리는 경향을 갖는다. 갈등이 전혀 없는 조직은 불가능하다. 하지만 갈등을 최소화하고, 갈등을 미리 점검하고 대비하는 합리적인 사람이 조직에 충분히 많으면, 그 조직은 성공할 확률이 매우 높아진다.

둘째, 자신의 삶을 최우선 순위에 놓을 줄 아는 사람인가?

조직을 위해 자신을 희생하는 사람을 경계하라. 그런 사람은 결국 조직도 희생시키고 만다. 그 무엇보다 자신의 삶에 기대하는 것이 많은 사람이 성공한다. 너무나 당연하게도 그런 사람이 많은 조직이 성공 가도를 달린다.

셋째, 당신에게 영감을 주는 사람인가?

그는 당신의 핵심 그룹에게 도파민을 분비시키는가? 핵심 그룹 사람들이 '소곤거리며' 그에게 반짝이는 눈빛을 보내는가? 매 순간, 어느 자리에서든, 불현듯 아이디어를 떠올리고는 좋아서 손뼉을 치는가? 언제 어디서나 메모를 잊지 않는 사람인가?

영감을 주는 사람, 힌트와 단서를 주는 사람을 만나면 삶은 활기에 넘친다.

넷째, 당신의 단점을 보완해주는 사람인가?

당신이 갖지 못한 강점을 가진 사람인가? 당신이 아무리 애를 써도 보통 수준의 결과밖에는 얻지 못하는 부분에서 혁혁한 성과를 올리는가? 당신의 감정을 차갑게 식힐 줄 아는 사람인가? 당신에게 좋은 깨달음을 주는 사람인가? 늘 진심으로 고마워하고, 진심으로 사과하고 싶은 사람인가?

대인관계를 정비할 때 잊지 말아야 할 진리가 있다.

우리는 결코 타인의 생각과 행동을 통제할 수 없다. 우리 자신을 제어할 수 있을 뿐이다. 따라서 타인이 아니라 당신의 생각을 바꿔야 한다. 타인이 제발로 과녁에서 나가주기를 기다려서는 안 된다. 과녁은 그가 아니라 당신의 것이다.

그리고 마지막으로 강조한다.

과녁의 원들에 너무 많은 사람들을 채우지 마라. 언제든 새로운 사람들이 진입할 수 있도록 충분한 공간을 확보하라. 이 공간을 확보하는 데 '한 번 더'의 습관이 유용할 것이다. 새로운 사람을 받아들일 것인지,

기존의 사람과 더 강한 관계를 맺어나갈 것인지 등등을 결정할 때 '한 번 더'의 습관은 공정성과 확고함을 당신에게 선물할 것이다.

화가 빈센트 반 고흐Vincent Van Gogh는 이렇게 말했다.

"친한 벗은 진정한 인생의 보물이다. 때로 그들은 우리에 관해 우리 자신보다 더 잘 안다. 그들은 정직한 태도로 우리를 안내하고, 지시하며, 우리의 기쁨과 슬픔을 공유한다. 그들의 존재는 우리가 결코 혼자가 아니라는 것을 상기시켜준다."

7장

매일 '한 번 더' 꿈을 꾸어라

과거는 버리고 미래를 향해 가라.
꿈을 향해 당당하게 나가라.
당신이 상상했던 삶을 살아라.

_헨리 데이비드 소로

아이들은 꿈을 꾼다. 호기심과 상상력을 먹고 무럭무럭 자라난다. 호기심과 상상력이 아이들을 지상에서 가장 행복한 존재로 만든다. 그래서 아이들은 성공을 꿈꾸는 모든 사람의 훌륭한 스승이다.

당신이 꿈꾸는 세계로 들어가라

인생에서 가장 행복한 사람은 자신이 살아온 역사가 아니라 자신의 상상력과 꿈을 바탕으로 움직인다.

잠시 책장을 덮고 위 문장을 음미해보라!

그것은 '한 번 더' 습관을 위한 강력한 메시지다. 행복과 성공, 생산성을 위해서는 상상력과 꿈, 비전에 따라 행동해야 한다. 상상력, 꿈, 비전을 만들어내는 습관이 바로 '한 번 더' 생각하고 '한 번 더' 재발견하고 '한 번 더' 실행에 옮기는 것이다.

과거의 경험, 기억, 내러티브를 바탕으로 움직이면 최선의 삶을 새롭게 경험할 방법이 없다. 지금 이 순간도 끊임없이 과거로 편입된다. 바로 이 순간, 모든 것을 내려놓고 '한 번 더' 나에게 집중하는 노력이 새로운 상상력과 꿈, 비전을 창조해낸다.

악몽은 꿈이 아니다

아이들이 어른보다 더 행복한 까닭은 언제나 현재의 상황을 바탕으로 움직이기 때문이다. 아이들의 생각과 정신은 몽상과 환상, 창의력으로 가득 차 있다. 아이들은 과거에 짓눌리지 않는다. 과거가 없기 때문이다.

당신의 꿈을 한번 점검해보자.

마지막으로 배트맨이나 공주가 되어 짜릿한 즐거움을 맛본 순간이 언제였는가? 마지막으로 당신의 삶에 상상력을 동원해본 적이 언제였는가?

당신뿐 아니라 대부분의 사람들은 '상상력'이란 단어 자체에 엄청난 생소함을 느낄 것이다. 비용이 전혀 들지 않음에도 우리는 상상력이 주는 유쾌한 즐거움을 까마득하게 잊어버렸다.

그렇다.

꿈을 꾸는 것은 공짜다.

꿈은 자신에게 줄 수 있는 최고의 선물이다. 그럼에도 사람들은 이 선물을 기어이 받지 않으려고 한다. 꿈을 꾸는 사람을 어린 아이의 유치한 장난으로 여긴다. 과연 꿈은 철부지들이나 갖고 노는 장난감일까?

질문을 바꿔보자.

당신은 당신의 사회 경력에 대해 얼마나 자주 생각하는가? 지난 수년간 직장 상사가 당신에게 어떻게 대했는지에 대해 얼마나 자주 떠올리는가? 친구와 가족, 연인의 배신을 얼마나 자주 떠올리며 괴로워하는가?

당신의 꿈은 이런 것들로 가득 채워져 있지는 않은가? 만일 그렇다면 당신은 꿈을 꾸는 것이 아니다. 지난 과거를 끔찍하리만치 계속해서 상영하고 있을 뿐이다.

다시 한 번 강조한다. 우리의 뇌는 '과거로 돌아가는 것'을 끔찍하게 좋아한다. 과거야말로 친숙한 것들로 가득 차 있기 때문이다. 우리가 과거를 청산하지 못하는 이유는 무의식적으로 우리의 뇌가 그 상처 투성이의 과거를 이용해 새로운 상처 투성이의 미래 비전을 만들려고 하기 때문이다. 그것이 안전한 방어기제로 작용하기 때문이다. 우리의 뇌는 우리를 가둬놓는 것을 너무나 좋아한다는 사실을 절대 잊지 마라.

더 나은 삶을 사는 전략은 과거가 아니라 꿈의 세계를 기반으로 움직이는 길을 선택하는 것이다.

싸울 것인가, 도망칠 것인가

우리는 성장하면서 더 많이 배우고 더 많은 일을 한다. 그런데 왜 우리는 유년시절보다 행복하지 않은가? 어제보다 오늘 더 많은 것을 하고 더 많은 것을 깨닫는데, 왜 우리는 어제보다 행복하지 않은가?

생각의 틀에 갇혀 있기 때문이다. 과거에 얽매여 끊임없이 되풀이되는 '재생 루프' 말이다.

최악은, 이런 생각의 틀이 무의식적으로 반복된다는 것이다. 제아무리 오랜 세월을 살았다 할지라도 자신이 그 틀에 갇혔다는 것을 깨닫지 못한다.

틀을 깨고 나오려면, 먼저 그 틀에 대한 인식을 의식적으로 높여야 한다. 재생 루프는 일단 우리가 그 존재를 깨닫는 순간 그 힘을 상실한다.

정말 힘든 일이 닥쳐왔을 때도 하룻밤 자고 나면 조금은 가벼워진다. 이틀, 사흘, 나흘이 지나면서 처음에는 죽을 것처럼 힘들었지만 차츰 감당할 만한 일로 그 무게가 줄어든다. 처음에 갇힌 생각의 틀에서 점점 빠져나오고 있기 때문이다.

다시 말해 아무리 힘든 일이라도 눈을 똑바로 뜬 채 그걸 분명하게 '알아차리면', '인식하면' 거기서 벗어날 힘과 답을 얻게 된다. '인식'은 우리의 눈과 귀를 뒤덮어버리는 부정적인 사고의 틀을 단번에 깨뜨리는 도깨비방망이다.

이러한 인식은 어떻게 가능한가?

바로 '꿈꾸기'를 통해 가능해진다. 새롭고 강렬한 꿈을 꿈으로써 우리는 마침내 과거의 틀에서 벗어난다. 과거는 과거일 뿐이라는 분명한 인식이 생겨난다.

궁지에 몰렸던 일, 큰 상처를 남긴 대인관계, 고질적인 알코올 중독 등의 문제에 파묻혀 지내는 대신 아이들처럼 꿈과 상상력에 뿌리를 내린 사고의 틀을 만들어내면 어떨까? 오래된 틀은 머릿속에 만족감을 만들어낸다. 뇌가 담당하는 주요 기능 중 하나는 '싸울 것이냐, 도망칠 것이냐'라는 반응의 일부로 인식된 위협으로부터 우리를 보호하는 것이다.

그런데 과거란 이미 벌어진 일이다. 이미 벌어진 일로부터 도망칠 필요가 있을까? 부정적인 과거와 생각에 파묻혀 지내는 이유는, 그것을 벗어나고 나면 다시 들이닥칠 두려움 때문이다.

인간은 천성적으로 질서를 갈망한다. 인간은 문제해결사 역할을 하도록 프로그래밍되어 있다. 문제를 해결하면 쾌감을 선물받기 때문이다. 하지만 이는 우리가 알 수 없는 미래에 대해 움츠러드는 이유이기도 하다. 아직 발생하지 않은 일에 대해 현재의 삶에서와 같은 수준의 확실성을 적용할 수 없기 때문이다.

그렇다. 우리가 미래로 나가지 못하는 이유는 과거와 같은 일이 또 일어날까봐 두려워서다. 이미 벌어진 일에 파묻혀 있는 것이 미지의 두려움을 맞이하는 것보다 훨씬 안전하다고 느끼기 때문이다. 그래서 이 세상에는 미래로 전진하는 사람보다 과거에 안주하는 사람이 압도적으로 많다.

물론 과거를 무조건 차단해야 하는 것은 아니다. 똑같은 사람, 장소, 행동, 의식과 계속 연결되는 데서 얻어지는 기쁨도 삶에서는 매우 소중하다. 누구에게나 그런 자리는 있다. 하지만 당신의 기쁨과 행복이 오직 과거와의 연결 속에서만 찾아진다면, 당신의 삶은 매우 '저평가'된 것이다.

누구나 겨우 한 걸음 나갈 뿐이다

과거에서 미래로 나아가는 첫 걸음은 '받아들이는 자세'다.

영성 작가 디팩 초프라Deepak Chopra는 이렇게 우리를 일깨운다.

"나는 기억을 사용하지만, 기억이 나를 사용하는 것은 허락하지 않을 것이다."

과거를 계속 붙들고 있는 동안 무엇이 쓸려나가는지 아는가? 바로 당신의 미래다.

미국의 대통령을 지낸 존 F 케네디John F. Kennedy 또한 이렇게 말했다.

"역사는 잔인한 주인이다. 거기에는 현재가 없다. 오직 미래로 돌진하는 과거만 있을 뿐이다. 단단히 잡으려고 할수록 쓸려나갈 것이다."

인간의 뇌와 생각, 감정은 유리잔과 같다. 그 잔을 새로운 것으로 채우려면 기존의 것을 깨끗하게 비워내야 한다. 이 비워내는 작업에서도 '한 번 더'의 습관은 빛을 발한다.

누누이 강조하지만 성공은, 그 성공이 들어설 수 있는 '공간'을 확보하는 일이다. '한 번 더'의 습관으로 과거를 더 비워내고, 그만큼 더 새로운 것을 채워넣는 사람이 되어야 한다. 그것이 곧 타인을 압도하는 훌륭한 경쟁력이 되어준다.

새로운 꿈을 꾸지 않으면 과거에 파묻히게 된다. 새롭고 기발한 상상력에서 솟아나는 아이디어로 잔을 채우지 않으면 고인 물만 물끄러미 바라보는 삶을 살 뿐이다.

미래를 적극적으로 끌어안아라. 의식적으로 새로운 비전과 가능성을 찾아나서라. 당신의 뇌와 생각과 감정을 미래로 돌려놓기 위해 무엇이든 하라.

인간은 누구나 고통받는다. 인간은 누구나 결점 투성이이고 매 순간 장벽에 부딪친다. 하지만 그것에 갇히지만 않으면, 그것을 극복해낼 힘과 지혜, 지식과 균형이 나타난다. '한 번 더'의 습관이 그런 가치들을 찾아내는 데 빼어난 도움을 줄 것이다.

당신이 꿈꾸는 미래, 그것만이 유일하게 당신의 가슴을 뛰게 한다.

유쾌한 쓰레기를 쌓아가라

발명가 토머스 에디슨Thomas Edison의 삶은 한 마디로 '상상력'이었다. 그가 미래에 대한 꿈과 상상력을 발휘하는 대신 과거에 집착했다면 오늘날 인류는 지금과 전혀 다른 모습이었을 것이다.

그는 이렇게 말했다.

"발명을 위해서는 훌륭한 상상력과 쓰레기 더미가 있어야 한다."

에디슨의 주변에는 창의적인 쓰레기가 산더미를 이루고 있었음에 분명하다. 그는 상상력을 현실로 만들기 위해 수천 번이 넘는 시도를 아무렇지도 않게 해냈으니까 말이다.

당신은 아무짝에도 쓸모없는 쓰레기를 만들어내고 있는가, 아니면 유쾌하고 신나는 상상력의 쓰레기들을 만들어내고 있는가?

에디슨은 생전에 총 3,000건이 넘는 특허를 획득했다. 이 특허들을 따내기 위해 그는 얼마나 많은 '더미'를 만들어냈을까?

꿈과 상상력을 가진 사람은 실패를 두려워하지 않는다. 그들에게 실패는 유쾌한 도전의 결과일 뿐이다. 유쾌하고 신나는 실패가 없었다면 그들은 어떤 성공도 거두지 못했을 것이다.

당신은 지금, 실패를 두려워하고 있는가?

그렇다면 당신은 지금 진정한 실패를 만들어내고 있는 것이 아니다. 실패할까 두려워하는 마음만을 잔뜩 짊어지고 있는 것이다. 아무 쓸모없는 쓰레기를 만들어내고, 거기에 파묻혀 있을 뿐이다.

에디슨은 뛰어난 사업가이기도 했다. 그는 평생 현재의 통화 가치로 따졌을 때 2억 달러가 넘는 돈을 벌어들였다.

그는 이렇게 말했다.

"나는 실패한 적이 없다. 다만 1만 가지의 작동하지 않는 방법을 발견했을 뿐이다."

에디슨이 철부지 몽상가였다면 어떻게 이런 성공이 가능했을까? 말도 안 되는 짓거리나 하는 사람이었다면 어떻게 이런 놀라운 성과를 거둘 수 있었을까?

에디슨은 세상의 평가와 정의, 규칙에서 '한 걸음 더' 나갈 줄 안 사람이었다. '한 번 더' 시도하고 '한 번 더 실패'함으로써 자신만의 새로운 성공 규칙을 작성할 줄 안 사람이었다.

과거가 아니라 미래에 파묻혀라. 온갖 상상력과 말도 안 되는 꿈을 동원하라. 그것이 당신의 삶을 구원할 것이다.

꿈은 잠잘 때 꾸는 것이 아니다. 꿈은 완전히 깨어 있을 때 꾸어야 한다. 성공하는 사람은 이를 '비전'이라고 부른다.

무엇이라 부르든 상관없다. 언제나 깨어 있는 상태를 유지하면 비전과 상상력, 꿈을 통해 당신은 큰 힘을 얻을 것이다. 운이 좋다면 '불편함'도 느낄 것이다. 불편하다는 것은 뭔가 새로운 것을 창조하기 위해 상상력이 이질적인 생각들과 연결되고 있다는 증거다. 따라서 불편함은 미래를 열어가는 데 없어서는 안 될 가치다.

나아가 불편함은 내가 '낯설게' 살고 있다는 증거이기도 하다. 과거는 낯이 익다는 것을 명심하라.

'한 번 더' 생각함으로써 익숙한 것들과 결별하라. 이것이 미래를 위한 첫걸음이다. 불편한 감정들을 단단히 붙들어라. 불편함은 당신에게 귀중한 미래 자산이 되어준다.

매일 한 뼘 더 성장하라

꿈꾸는 삶을 살려면 다음을 경계해야 한다.

'이렇게 하면 사람들이 비웃지는 않을까?'

상상력을 동원하는 삶을 살면 친구를 잃을 수도 있다. 체면을 깎일 수도 있다. 주위의 기대를 망쳐버릴 수도 있다. 두려움과 죄책감이 그림자처럼 집요하게 따라붙을 수도 있다. 하지만 이런 두려움 때문에 상상력과 비전을 포기하면, 당신은 당신이 알고 있는 그 어떤 사람보다 더 불행해질 것이다.

자신에게 꿈을 선물하는 가장 좋은 방법은 '영적으로 성장'하는 것이다. 영적 성장의 선결 조건은 과거에 잘못을 저지른 타인을 용서하는 것이다. 나아가 '자기 자신'을 용서하는 것이다.

작가 웨인 다이어Wayne Dyer는 이렇게 말했다.

"타인에 대한 용서는 영혼의 성장에 필수적이다."

용서는 쌓여 있는 분노와 고통으로부터 당신을 해방시킨다. 그 해방은 당신의 영혼을 한 뼘 더 성장시키고, 이 성장은 꿈과 상상력에 직결된다. 영적 성장은 새로운 꿈이 들어설 수 있게 유리잔을 비우는 또 다른 방법이기도 하다.

'할 수 없어.'

'안 할 거야.'

'내가 아니야.'

'나는 부족해.'

'난 너무 뚱뚱해.'

'나는 너무 나이가 많아.'

'나는 너무 어려.'

이 같은 부정적인 생각들은 하루아침에 결심만 한다고 해서 바뀌는 것이 결코 아니다.

'나는 할 수 있어!'

'나는 꼭 해낼 거야!'

'나는 절대 부족하지 않아!'

'나는 절대 뚱뚱하지 않아!'

'나이는 숫자에 불과하다고!'

이는 주문에 불과하다. 마음속으로 이렇게 수없이 외친다고 해서 삶에 긍정적인 에너지가 솟구치는 것이 아니다.

정말 해낼 수 있는 나를 발견해내야 한다. 내가 재능이 넘친다는 사실을 깊이 각성해내야 한다. 외모는 아무짝에도 쓸모없는 쓰레기라는 사실을 진지하게 인식해내야 한다. 그래야만 부정적인 생각들을 구체적인 꿈과 비전의 도구로 바꿔놓을 수 있다.

어떻게 이것이 가능할까?

'영혼의 성장'을 통해서다.

영혼의 성장은 있을 법하지 않은 아이디어, 완전히 낯선 생각과 환경에서 가능해진다. 한 뼘, 한 뼘 영혼이 성장하기 시작하면 우리의 뇌는 우리를 터무니없이 놀라게 할 아이디어를 만들어내기 위해 서로 무관해보이는 생각들을 연결하는 작업을 시도한다.

지난 몇 주 동안 당신을 고민에 빠뜨렸던 질문에 대한 답이 한밤 중에 자다가 문득 떠올라 화들짝 잠을 깬 적이 있는가? 아들과 함께 야구 경기를 보다가, 대형 마트 매장을 거닐다가, 아침에 샤워를 하다가 골치 아픈 문제에 대한 해결책이 갑자기 떠오른 적은 없는가?

당신이 다음 3가지의 '한 번 더' 버튼을 눌렀기 때문이다.

매일 '하나 더' 용서하라.

매일 '한 가지 더' 말도 안 되는 생각을 떠올려라.

매일 '한 뼘 더' 성장하라.

오래된 습관을 떠나라

오래된 습관을 버리지 않으면 오래된 과거에서 벗어날 수 없다. 다시 말해 미래로 나기 위해서는 오래된 습관을 버려야 한다. '한 번 더'의 힘은 오래된 습관을 떠나는 연습에서 발휘된다. 삶의 주인은 '습관'이다. 어떤 습관을 섬기고 받을지 결정하는 것은 오직 당신의 몫이다.

야구 경기에서 한 선수가 1루와 2루에 동시에 존재할 수는 없다. 인생에서도 마찬가지다. 2루로 나가기 위해서는 1루에서 반드시 발을 떼어야 한다. 득점을 올리겠다는 목표가 없으면, 한 루라도 더 가서 상대를 압박해 승리를 얻겠다는 의지가 없으면, 삶은 어떻게 될까?

한 경기를 승리하기 위해서는 10점이 필요할 수도 있다. 하지만 1루에서 2루를 가지 못하면 단 한 득점도 올리지 못한다. 1루에 계속 머무르면서 마음은 10점을 향해 있는 사람이 어떻게 성공할 수 있겠는가?

기회가 있을 때 착실하게 진루하고, 착실하게 득점해야 한다. 한 점 한 점 착실하게 얻는 팀은 없던 자신감도 생겨나고 더그아웃이 새로운 활기로 넘친다. 누군가 안타를 치고 애써 1루에 나갔는데, 2루를 갈 생각과 전략을 아무도 갖고 있지 않은 팀의 더그아웃에는 깊은 침묵 외에 무엇이 더 들어설 수 있겠는가?

'한 번 더'의 습관은 간단하면서도 착실한, 그래서 위력적인 기회를 계속해서 쌓아간다. 유리잔 속 오래된 습관들을 착실하게 밀어내면서 한 걸음 한 걸음 들어선다.

공간을 확보해야 한다는 것을 어떤 경우에도 잊지 마라.

매일 '한 번 더' 새로운 꿈을 꾸어라.

매일 '한 번 더' 오래된 습관을 밀어내라.

그러면 매일 '한 걸음 더' 목표에 다가서게 될 것이다.

8장

스스로에게 던지는 '한 번 더'의 질문

THE POWER OF
ONE MORE

반성하지 않는 삶은 살 가치가 없다.

_소크라테스

올바른 질문을 던져라

'당신이 어떤 생각을 하는지, 생각해본 적 있는가?'

지금껏 수없이 만나온 사람들에게 내가 던지는 가장 강력한 질문이다. 또한 이 장에서 내가 당신에게 진지하게 묻고 싶은 질문이자, 당신이 스스로에게 궁극적으로 물어봐야 하는 질문이다.

대부분의 사람은 이 질문이 엄청난 가치가 있음에도 살아가면서 각별히 숙고하지 않는다. 생각은 그저 우리에게 무심코 주어지는 것이 아니다.

우리는 우리가 어떤 생각을 해야 하는지에 대한 강력한 인식을 갖고 있어야 한다.

이는 다시 근본적인 질문으로 이어진다.

'생각한다는 것은 무엇인가?'

간단히 말해 '생각'이란 스스로 묻고 대답하는 과정이라고 할 수 있다. 인간은 하루에도 수천 번씩 머릿속으로 끊임없이 묻고 대답한다. 따라서 질적으로 뛰어난 생각을 얻고 싶다면 질문의 질을 바꿔야 한다. 생각의 수준은 질문의 수준이 통제한다. 당신의 뇌가 당신이 찾고 있는 답을 발견하기 위해 얼마나 섬세하게 조정되는지 알면 깜짝 놀랄 것이다.

당신이 더 나은 질문을 하면 당신의 삶에 엄청난 변화가 생길 수 있다. 더 나은 질문은 더 나은 답을 낳고, 더 나은 답은 더 나은 삶을 낳는다.

대부분의 사람은 이 놀라운 과정을 시도하지 않는다. 하지만 '한 번 더' 생각하는 사람은 한다. 평범한 사람들은 자신을 더 나약하게 만들거나 회복력을 떨어뜨리는 질문을 던진다. 자기 내면의 정체성 온도를 낮추는 데 익숙한 것이다. 그들은 쉬운 길을 간다. 그들의 답은 대체로 두려움, 분노, 불신, 자책, 후회, 결핍에 버무려져 있다.

미 해군의 특수부대 네이비 씰Navy Seals의 대원들은 다음의 질문을 습관화하는 훈련을 받는다.

'이 상황에서 내가 즉시 할 수 있는 것은 무엇인가?'

반면에 평범한 사람들은 다음의 질문을 습관처럼 내뱉는다.

'뭔가 잘못된 것은 아닐까?'

'왜 상황이 이렇게까지 됐지?'

'어떻게 해야 빠져나갈 수 있을까?'

144

'사람들한테 뭐라고 변명하지?'

적극적인 대처를 모색하는 질문을 던지는 사람과 벌어진 상황을 겨우 모면할 수 있는 궁리를 하는 사람 사이의 삶은 그 얼마나 큰 차이가 있겠는가!

그렇다. 평범한 사람들의 머릿속 생각을 살펴보면, 그들은 항상 '압박'을 받고 있다. 그래서 새로운 상황이나 사건이 발생하면 덜컥 겁부터 집어먹는다. 그러니 당연히 그들의 뇌는 압박과 걱정, 두려움에서 피할 길을 찾는 데만 혈안이 될 수밖에!

'한 번 더' 생각하는 사람은 어떤 상황에서도 '올바른 질문'을 잊지 않는다. 올바른 질문을 던질 때마다 우리는 우리 자신에 대한 진실에 도달한다.

때로는 올바른 질문이 쓰디쓴 답을 내놓기도 한다. 하지만 냉정한 자기반성은 언제나 삶에 유용하다. 올바른 질문을 던져야만 상투적인 변명이나 합리화가 아니라 '이 세상에는 결코 숨을 곳이 없다'는 깨달음을 강력하게 확인하며 상황을 타개해나갈 수 있다.

올바른 질문은 우리 내면에 지혜로운 비판의 목소리를 끌어낸다. 차가운 반성과 비판을 경험한 후에야 우리는 비로소 새로운 '도전'을 받아들일 힘을 얻는다.

우리는 본능적으로 '진실'을 두려워한다. 하지만 정작 '진실'을 만나고 나면 마음이 침착해지고 새로운 용기를 얻는다. 두려움은 두려워하는 사람에게 가장 두려운 존재가 된다. 두려움은 절대 두려워하지 않는 사람에게는 찾아가지 않는다.

'한 번 더' 생각하면 '한 번 더' 답을 얻을 수 있다.

'한 번 더' 생각하는 것은 더 올바른 질문을 얻는 데 유용하다. '한 번 더' 답을 얻는 것은 더 다양한 기회를 찾는 데 유용하다. 답을 찾는 기회를 한 번만 더 얻어도 그렇지 못한 사람보다 훨씬 더 극적인 변화를 만들어낼 수 있다.

극작가 외젠 이오네스코 Eugene Ionesco 는 이렇게 말했다.

"인간은 답이 아니라 질문에서 깨달음을 얻는다."

하루에도 몇 번씩 스스로에게 던질 가치가 있는 강력한 질문을 '한 번 더' 발견한다면 삶은 어떻게 될까?

두려움에 벌벌 떨며 어떻게든 상황을 피할 수만 있다면 무엇이든 하겠다는 자세는 버려라. 인생을 획기적으로 바꿔놓을 수 있는 '큰 질문'을 찾아내라. 질문이 클수록 그 질문 앞에 선 우리는 겸손해진다.

나는 내게 인생을 물어오는 사람들에게 이렇게 조언한다.

'매일 위대해질 수 있는지 자신에게 물어라. 거창하고 과장된 삶을 살라는 것이 아니다. 매일 중요하고 깊이 있는 질문을 던지면 그 하루가 심오해지고 위대해진다.'

위대한 사람이 위대한 삶을 사는 것이 아니다. 큰 질문을 꾸준하게, 그리고 '한 번 더' 던질 줄 아는 겸손한 사람이 위대한 하루하루를 살아가는 것이다.

큰 질문을 '한 번 더' 던지고 그 질문을 충분히 음미하라. 조용한 곳을 찾아 마음을 집중하고 생각에 몰입하면, 그때 나타난 답은 당신에게 분명 소중한 것이 되어줄 것이다. 답을 찾기 위해 서두르지 마라. 오늘 찾은 답과 '5년 후' 찾아낼 것 같은 답을 비교해보라. 의미 있는 변화가 생겨날 것이다.

삶을 바꾸는 '한 번 더'의 질문들

1. 사랑하는 배우자나 부모를 위해 한 번 더 할 수 있는 일은?

2. 자녀와의 관계 개선을 위해 한 번 더 할 수 있는 일은?

3. 친구들이 더 특별한 느낌을 받을 수 있도록 한 번 더 할 수 있는 일은?

4. 함께 일하는 사람들에게 감사를 표하기 위해 한 번 더 할 수 있는 일은?

5. 변명을 줄일 수 있는 방법이 하나 더 있다면?

6. 지금 상황에서 내가 명쾌하게 통제할 수 있는 부분은?

7. 하필 왜 나한테 이런 일이 일어났을까, 탄식하는 대신 그 일이 '나를 위해' 일어났다는 증거를 찾는다면?

8. 내 삶의 진실을 만나기 위해 오늘 한 번 더 할 수 있는 일은?

9. 지속적인 평화를 얻기 위해 나와 한 번 더 약속할 수 있는 일은?

10. 세상의 눈치를 보지 않기 위해 한 번 더 할 수 있는 일은?

11. 분노를 가라앉히기 위해 한 번 더 할 수 있는 일은?

12. 사람들이 나를 객관적으로 바라볼 수 있게 만드는 지혜를 하나 더 찾는다면?

13. 과거에 대한 걱정을 줄여주는 방법이 하나 더 있다면?

14. 미래에 대한 불안을 지우기 위해 하나 더 할 수 있는 일은?

15. 생각만 해도 가슴이 뛰는 일을 하나 더 찾는다면?

16. 오늘 감사할 일 3가지는? 그리고 하나 더 찾는다면?

17. 미루는 습관을 없애기 위해 한 번 더 써볼 방법이 있다면?

18. 구경꾼에서 적극적인 참여자로 변화하는 데 한 번 더 도전할 수 있는 일은?

19. 답을 알지만, 애써 던지고 싶지 않은 올바른 질문이 하나 더 있다면?

20. 오늘의 실패와 실수에서 배운 것들 중 남들은 생각도 못한 교훈이 하나 더 있다면?

21. 내가 가진 돈을 더 훌륭하게 관리할 수 있는 방법이 하나 더 있다면?

22. 가치관을 목표와 일치시키기 위해 하나 더 할 수 있는 일은?

23. 좋은 리더가 되기 위해 하나 더 할 수 있는 1년짜리 프로젝트는?

24. 더 건강해질 수 있는 비결이 하나 더 있다면?

25. 다가오는 여름의 슬럼프를 극복할 방법을 하나 더 찾는다면?

26. 지금 다니고 있는 피트니스 클럽에서 도전해볼 운동 기구가 하나 더 있다면?

27. 불행이 불쑥 찾아왔을 때 그것을 맞이하는 좋은 태도가 하나 더 있다면?

28. 상상력을 동원해 하나 더 신나게 할 수 있는 일은?

29. 생산성을 방해하는 것들을 제거하기 위해 하나 더 할 수 있는 일은?

30. 불평을 줄이도록 내 생각을 바꾸는 또 하나의 방법은?

31. 현재 깊은 고통에 빠진 누군가를 위해 하나 더 할 수 있는 일은?

32. 최근에 나를 행복하게 해준 일이 하나 더 있다면?

33. 갈등을 해소하는 데 도움이 되는 일을 하나 더 찾는다면?

34. 내 에너지를 고갈시키는 사람들을 효과적으로 다루는 방법이 하나 더 있다면?

35. 내면의 진실한 목소리를 만나는 시간을 확보하는 전략을 하나 더 세운다면?

36. 원한, 복수를 용서로 바꾸는 지혜가 하나 더 있다면?

37. 언젠가는 후배들에게 멘토가 되어주어야 한다. 통찰력 있는 멘토가 되는 데 필요한 질문을 하나 더 찾는다면?

38. 오늘 하고 있는 일을 더 즐길 수 있는 방법을 하나 더 찾는다면?

39. 의욕을 되찾는 방법을 하나 더 짜낸다면?

40. 앞으로 5년 동안 가슴에 새길 문구 하나를 더 찾는다면?

41. 인생이 내게 준 선물을 하나 더 찾아본다면?

두려움이 사라진 삶을 상상해보라

'한 번 더' 질문하고 '한 번 더' 답을 얻는 사람은 삶의 곳곳에 보석처럼 숨겨진 기회와 선물처럼 뿌려진 지혜 들을 타인보다 훨씬 더 많이 발견해낸다.

때로 그 기회와 선물은 지금까지의 당신의 생각과 태도를 몹시 불편하게 만들 수도 있다. 지금까지 당신이 지켜온 삶을 일정 부분 부정할 수도 있다. 하지만 분명한 것은 그 기회와 선물이 고착화된 삶에서 당신을 구해낸다는 사실이다.

어쩌면 당신은 많은 답을 이미 찾아냈을 것이다. 하지만 당신은 지금껏 최선의 답이 아니라 쉽고 익숙한 답을 선택해왔을지도 모른다. 그렇다. 언제나 선택하기 어려운 답이 최선의 답이고, 최선의 답이 우리의 삶을 성장시킨다.

평균적인 삶에 머무르면서 조금씩 조금씩 추락하는 미래를 얻고 싶다면 굳이 올바른 질문과 최선의 답을 구할 필요 없다. 당신의 인생철학이 새로운 미래로 나가는 것이 아니라 현재에 안주하는 것이라면 당연히 이 책을 더 이상 읽을 필요도 없다.

하지만 진정 삶을 바꾸고 싶다면, 더 이상 지금과 같은 방식으로는 살고 싶지 않다면 질문을 던져라.

그리고 더 많은 답을 찾아내라. 인내심을 친구로 삼아 모든 답을 검토하고 언제나 '한 번 더' 답을 찾아내라.

영화배우 루비 디Ruby Dee는 이렇게 말했다.

"가장 큰 선물은 질문하는 것을 두려워하지 않는 것이다."

우리는 너무 쉽게 생각한다. 우리는 너무 익숙한 길로만 다닌다. 수십 년간 아침 9시에 어김없이 통근열차를 타고, 저녁 6시에 어김없이 퇴근열차를 타는 사람은 성실한 삶을 산다. 하지만 특별한 삶을 살지는 못한다.

고통스럽다 할지라도 '한 번 더' 크고 올바른 질문을 찾고 또 찾아라. 그러면 그 고통은 어느 순간 사라지고 인생의 가장 큰 선물인 '지혜로운 질문'만 남는다. 당신이 찾아낸 질문들은 점점 더 당신의 삶을 그윽하고 깊은 향기로 채울 것이다.

두려움이 사라진 삶을 상상해보라.

당신이 이 책을 읽는 이유가 바로 그 삶 속에 담겨 있다.

9장

'한 번 더'
목표를 이루어라

"언젠가는 목표에 이를지도 모르는 단계를 밟는 것으로는
언제나 실패한다. 모든 단계가 그 자체로 목표인 동시에
목표로 이르는 단계여야 한다."

_괴테

지금껏 우리는 삶의 개선을 위한 목표 설정에 관련된 시스템, 철학, 전략 들을 충분히 습득해왔다. 학교에서, 직장에서, 가정에서 우리는 성공을 향한 온갖 노력과 도전을 시도해왔다.

그러니 만일 당신이 현재 당신의 목표를 위해 어떤 전략도 구사하지 않고 있다고 생각한다면, 착각에 불과하다. 이 착각을 정말 많은 사람이 껴안고 살아간다.

나는 목표를 '에너지 상태'로 정의한다. 에너지 상태의 목표는 아직 당신 내면의 아이디어와 희망, 욕망과 꿈의 상태다. 목표를 추구한다는 것, 목표를 향해 나간다는 것, 목표를 이룬다는 것은 에너지 상태에서 구체적인 실체로 목표가 전환된다는 의미다.

이 세상을 살아가는 사람들은 모두 일정한 목표를 갖고 있다. 다만 그 목표를 '설계'하는 사람은 드물다. 목표를 에너지 상태로 방기해놓는다. 그래서 평범한 사람들은 그저 막연히 '성공하고 싶다'는 생각에 그친다. 그들에게 어떤 성공을 구체적으로 원하는지 물으면, 그들은 멋쩍어하며 입을 다문다.

삶을 바꾸려면 목표를 에너지 상태에서 구체적인 실체로 전환시킬 전략을 짜야 한다. 삶에서 일어나는 일의 '반응'으로서 목표를 설정하면 '수비에 치중한 삶'을 살게 된다. 삶을 바꾼다는 것은 대단히 공격적인 태도다.

선제적으로 목표에 대한 적극적이고 올바른 태도와 가치를 마음속에 채워넣을 때 비로소 삶은 변화를 시작한다. 아울러 목표가 에너지 상태에서 구체적인 실체를 조금씩 드러내기 시작하면서 삶은 활기를 띠게 된다.

'성공하고 싶은 마음은 간절한데 무엇을 해야 할지 잘 모르겠어요.'

이렇게 호소하는 사람은 아직 목표 설정에조차 이르지 못한 것이다. 목표부터 확실하게, 아주 구체적으로 설정해야 한다. 그러면 그 목표를 향해가는 데 필요한 자원들이 당신 삶에 자연스럽게 나타날 것이다. 목표 달성에 필요한 전략, 시스템, 철학 등등이 나타나 당신을 적극적으로 도울 것이다.

어떤 목표를 세울 것인지를 정하지 못한 사람은 천 권의 책을 읽어도 시간 낭비일 뿐이다. 목표가 없는데, 목표에 접근하는 전략이 무슨 소용인가!

기준과 목표의 관계

명심하라.

수준 높은 목표를 세우라는 것이 아니다. 구체적인 목표를 세우라는 것이다. '돈을 많이 벌어 가난한 사람을 돕겠다'는 목표가 아니다. '주식 투자로 100만 달러를 벌어 아프리카 난민을 돕는 캠프에 10만 달러를 기부할 것이다'가 목표가 되어야 한다. '아, 여행을 가고 싶어!'가 아니라 '올 여름 휴가에 프라하에서 10박 이상 보낼 것이다'가 목표가 되어야 한다.

먼저 당신이 무엇을 진정 바라는지를 꼼꼼하게 리스트로 작성하라. 그런 다음 그 '바람'에 구체적인 색깔을 입혀 나가라. 그러면 마음속의 생각과 에너지 들이 구체적인 실체로 그 모습을 드러내면서 뭔가 가슴 뛰는 활기를 느끼게 될 것이다.

목표가 구체적으로 그려지면, 그때 비로소 '작전 계획'이 필요해진다.

무엇보다 먼저 '목표 달성을 위해 당신이 기꺼이 견딜 수 있는 것'이 무엇인지를 밝혀내야 한다. 이는 정말 중요하고도 중요한 작업이다. 당신은 이 질문에 대한 답을 얻는 과정에서 목표 달성을 위한 좋은 '기준standard'을 마련하게 된다. 목표에 관련된 일련의 생각과 연결된 행동들이 곧 기준이다.

목표를 세우지 않고 전략만 습득하는 것도 시간 낭비요, 목표만 세우고 그에 상응하는 기준들을 만들지 않는 것도 시간 낭비다. 특히 기준은 세워진 목표보다 훨씬 더 의도적이어야 한다. 간단히 말해 목표를 기준의 부산물이자 결과라고 생각하라. 올바른 기준을 만들어내면 목표 달성의 가능성은 압도적으로 커진다.

좋은 기준을 갖고 있으면 목표에 대한 철학과 통찰이 확장된다. 즉 삶에는 달성되는 목표도 중요하지만 실패하는 목표도 중요하다. 어떤 목표가 달성 또는 실패했다는 것은 그 목표에 대한 기준 설정을 재점검하는 기회를 제공받았다는 의미다. 기준이 너무 낮아서 너무 쉽게 달성된 목표도 있고, 기준이 너무 높아서 실패한 목표도 있다. 기준의 수위를 조절하는 것은 언제나 당신의 몫이다. 기준 설정을 재정비할 기회를 가지면 인생은 그만큼 유의미해지고 풍요해진다. 의미 있는 목표는 어렵고 도전적이다. 그래서 달성에 실패할 가능성이 크다. 실패했다고 해서 두려움과 좌절을 느낄 일이 아니다. 실패를 앞에서 말한 재정비의 기회로 삼으면, 실패 또한 목표 달성의 중요한 자원이 되어준다.

단순하고 유연하게 생각하라

목표 설정에 도움을 주는 시스템은 세상에 차고 넘친다.

나와 당신에게 필요한 시스템은 뛰어나고 복잡하고 세련된 것이 아니다. 단순하고 유연한 것이면 충분하다. 세계적인 CEO, 석학, 슈퍼 리치의 목표 설정 모델은 세기의 천재나 독보적인 사업 능력을 갖춘 극소수의 사람에게만 성취 가능하다. 물론 이 모델이 잘못되었다는 것이 아니다. 다만 타인의 모델이 아니라 우리 자신의 모델을 가져야 한다는 것이다.

사람은 저마다 정보처리 방식이 다르다. 사람은 누구나 고유한 경험과 교육, 생각, 재능, 장단점, 대인관계를 갖고 있다.

따라서 당신이 시각적인 사고에 뛰어난 사람이라면 시각적인 시스템과 모델을 찾는 데 집중하라. 당신이 각별한 청각 능력을 갖고 있다면 그 능력에 걸맞은 시스템과 모델을 찾아라. 자동차를 운전할 때 어떤 사람은 핸들이 중요하고 어떤 사람은 타이어 공기압이 중요한 것과 마찬가지다. 한 가지의 시스템과 모델이 이 지구상 모든 사람의 목표를 커버하는 것은 불가능하다.

자, 그러니 단순한 작전 계획을 짜라. 당신이 세운 목표를 가장 직접적인 방법으로 실행에 옮길 수 있는 유연한 틀을 만들어라.

'한 번 더' 당신에게 꼭 맞는 적합한 시스템과 모델을 찾아내라.

절정의 상태로 만들어라

최고의 목표는 당신이 '절정 상태'에 있을 때만 세울 수 있다. 절정 상태는 당신의 몸과 마음이 최적화된 기능을 할 때 나타난다. 즉 당신의 생각을 당신의 의식으로, 당신의 몸을 당신의 잠재의식으로 생각하라. 의식과 잠재의식이 조화롭게 작용할 때 당신의 절정 상태를 늘려주고, 높여주는 강력한 힘이 생긴다.

목표를 설정할 때 우리는 오롯이 우리 자신의 생각에만 집중하게 된다. 마음에 에너지를 쏟아부어 가장 좋은 목표에 관한 아이디어를 떠올리기 위해 노력한다. 하지만 이때 우리는 마음의 기능에만 몰입한 나머지 몸의 기능도 최적화되어야 한다는 사실을 놓친다. 마음과 함께 몸이 쾌조의 컨디션을 유지해야만 진정한 '절정 상태'에 놓일 수 있다는 것을 잊지 마라.

앞에서도 설명했지만 마음이 의식이라면 몸은 무의식이라고 할 수 있다. 당신의 의식과 무의식이 모두 당신을 위해 활동할 때 당신은 '항상' 목표를 향해 노력하고 있는 상태에 놓이게 되는 것이다. 무의식이 중요한 이유가 바로 여기에 있다. 무엇이든 구체적인 실체로 전환시키면 의도적으로 인식하는 데 큰 도움을 얻는다. 우리는 마음에 대해 너무도 익숙해왔기 때문에, 마음은 눈에 보이지 않지만 뭔가 구체적인 실체처럼 느낀다. 그러므로 의식의 구체적인 실체를 마음으로 설정하면 의식에 대해 뭔가 좀 더 생생한 느낌을 얻을 수 있다. 마찬가지로 무의식이라고 하는, 도무지 정체를 알 수 없는 것에 '몸'이라는 실체를 부여함으로써 우리는 무의식을 최적의 컨디션으로 유지할 수 있는 방법을 갖게 된다.

의식과 무의식에 구체적인 실체를 부여하면 우리는 좀 더 쉽게 '절정의 상태'에 오를 수 있다.

설득력 넘치는 이유를 실어라

목표 달성에 강력한 동기와 에너지를 부여해주는 것이 있다. 바로 '설득력 있는 이유'다. 설득력이 충분한 근거는 당신의 열정에 불씨를 지핀다.

가만히 생각해보자.

우리가 갖는 목표는 모두 '변화'에 관한 것이다. 기존의 삶을 뭔가 새로운 수준으로 이동시키는 것이다. 따라서 목표는 언제나 '도전'의 대상이다. 도전의 대상이 아닌 목표는 삶을 변화시키지 못한다.

당신의 목표가 '자선단체에 1만 달러 기부'라고 해보자.

이 목표는 당신의 열정에 불을 당기는가? 이 목표를 떠올리면 도전 의지가 솟구치는가? 이 목표를 달성했을 때를 상상하면 가슴이 뛰는가?

뭔가 부족하다. 뭔가 밋밋하다.

자선단체에 1만 달러를 기부하는 목표를 달성하려면, 왜 이 목표를 달성해야 하는지에 대한 뜨거운 설득력이 수반되어야 한다. 즉 가슴을 뛰게 하는 감정을 목표에 실어야 한다. 그러면 더 많은 에너지와 탄력이 생겨난다. 당신이 1만 달러를 기부할 가능성이 훨씬 더 커진다.

당신이 1만 달러를 기부함으로써 저소득층 아이들에게 공부방을 열어줄 수 있다는 생각을 마음에 새겨보자. 가난한 유년시절을 보낸 당신이 그토록 가보고 싶었던 공부방을.

또는 어머니를 돌아가시게 한 질병의 원인 연구에 한 발 더 다가설 수 있도록 의학자들을 돕겠다고 생각해보자. 당신의 1만 달러가 가정폭력 피해 여성의 쉼터에 요긴하게 쓰일 수 있다면?

이것이 곧 목표에 설득력 있는 이유를 장착하는 것이다. 그러면 목표에 더 뚜렷하고 강한 감정이 실리고, 더 빠르고 더 강하고 더 높은 추진력을 얻어 목표까지 질주하게 된다.

청년 시절, 나는 심장에 문제가 있다는 검진 결과를 의사에게 들은 적 있다. 그날 이후 나는 내가 언제든 세상을 떠날 수 있다는 사실에 대해 생각하기 시작했다. 하지만 바쁜 삶은 그런 생각을 점점 희석시켰다.

그러던 어느 날 지인의 결혼식에 참석했다가 큰 충격을 받았다. 내 목숨보다 더 소중한 딸아이 벨라가 결혼식에서 아버지 없이 혼자 입장하는 상상을 하게 된 것이다. 그때 내가 받은 충격은 정말이지 이루 말할 수 없을 정도였다.

나는 그길로 결혼식장을 빠져나온 다음 곧바로 헬스클럽에 등록했다. 그리고 현재 누구보다 건강한 일상을 살아가고 있다. 벨라의 결혼식 상상이 '건강한 삶'이라는 내 목표에 엄청난 설득력을 제공했고, 이를 통해 나는 '변화'에 성공한 것이다.

기억하라. 목표와 연결된 설득력 있는 동기부여와 감정적인 요소가 반드시 필요하다는 것을. 이것만 잊지 않으면 당신은 인생에서 성공할 확률이 매우 높아진다.

목표를 세울 때는 당신이 하고자 하는 일에 대해 '누가, 무엇을, 왜'라는 이유를 명쾌하게 정해야 한다. 충분한 동기부여가 형성되지 않으면, 우리를 우리의 목표로부터 멀어지게 하는 나태한 정신과 싸우는 것이 힘들어질 수도 있다. 이런 형태의 공격을 방어하기 위해서는 설득력 있는 이유라는 튼튼한 갑옷을 입어야 한다.

목표를 세울 때는 너무 세분화하지 마라.

재정, 건강, 노후 생활, 가족, 회사, 친구 모임 등등 목표의 범주가 너무 잘게 쪼개지면 너무 복잡해지고 집중력이 분산된다. 누누이 강조하지만 목표는 단순해야 한다. 결국 더 쉽고 더 안락하고 더 재미있는 삶을 사는 것이 목표의 본질 아닌가! 목표의 리스트가 길면 그만큼 목표의 노예가 되고 만다. 목표를 위한 목표를 끝없이 세우게 된다.

목표는 크게 두 가지로 나누면 충분하다.

첫째, 추진력을 확보하기 위한 목표인가?

둘째, 삶의 전반을 변화시키기 위한 목표인가?

추진력을 구축하기 위한 목표는 좀 더 쉽게 달성할 수 있다. 이름에서 알 수 있듯이, 그것은 삶에 추진력을 만들어준다. 그리고 더 즉각적인 효과가 나타나며 단기적인 것이 특징이다. 그 보상은 우리가 투입하는 노력에 따라 주어진다. 이 목표들을 단단히 묶는 것은 속도를 모아 내리막길을 달리는 것과 같다.

단 하나 주의할 점이 있다면, 이런 유형의 목표가 여전히 의미가 있고 도전적인지 계속 확인하는 것이다.

전체적인 삶을 변화시키는 목표는 달성하기가 만만치 않다. 이 목표에 설정된 우리의 기준이 높기 때문이다. 이 목표를 이루는 데는 오랜 시간이 걸릴 수 있다. 때로는 평생에 걸친 장기 프로젝트가 될 수도 있다.

우리가 할 일은 이 두 가지 목표를 하나로 조화롭게 연결하는 것이다.

예를 들어 '체중 감량'이라는 상식적인 목표를 정해보자.

먼저 설득력 있는 이유에서부터 시작한다.

'단지 뚱뚱하다는 이유로 남들보다 더 빨리 세상을 떠나기에는, 이 세상이 너무나 놀랍고 아름답고 흥미로운 것으로 가득 차 있지 않은가! 누구보다 세상을 먼저 뜨기보다는 누구보다 더 오랫동안 이 세상을 즐기는 사람이 되어야 하지 않겠는가! 이제 5년 후면 은퇴한다. 그리고 나는 은퇴 후 세계 여행을 하는 것이 목표다. 이 목표를 이루려면, 가장 먼저 세계 여행을 즐길 수 있는 탄탄한 체력을 만들어야 하겠지! 골골한 체력으로 사람들의 시선을 받으며 여행하고 싶지는 않아!'

그런 다음 추진력을 얻는 단기 목표를 실행에 옮긴다. 즉 1주일에 1킬로그램, 한 달에 4킬로그램을 빼는 것이다. 적절한 운동과 식단을 병행하면 이는 달성 가능성이 높은 목표가 되어준다.

물론 당신은 현재 고도비만이라 50킬로그램 이상을 감량한다는, 즉 인생을 변화시키는 목표를 단숨에 세울지도 모른다. 하지만 이 목표를 달성할 수 있는 유일한 길은, 한 달의 4킬로그램을 감량하는 추진력 확보의 목표를 전부 달성하는 것뿐이다.

세계적인 문호 괴테Goethe는 이렇게 말했다.

"언젠가는 목표에 이를지도 모르는 단계를 밟는 것으로는 언제나 실패한다. 모든 단계가 그 자체로 목표인 동시에 목표로 이르는 단계여야 한다."

마지막으로, 목표를 설정할 때는 당신의 마음 안에 예전에는 존재하지 않았던 공간을 확보할 수 있어야 한다. 그 공간 안에서 다음의 질문을 던질 수 있어야 한다.

'이 목표를 이루는 데 필요한 자원은 무엇인가?'

'읽어야 할 책이 있는가?'

'연결해야 할 사람이 있는가?'

'찾아가야 할 장소, 해야 할 활동이 있는가?'

이 같은 생각과 질문을 천천히 공들여 검토할 수 있는 공간을 확보하는 것, 그것이 곧 '한 번 더' 습관을 가진 사람의 목표 설정 노하우다.

목표 달성에 필요한 올바른 생각과 도구, 단기 과제와 장기 과제의 조화로운 추구, 가슴을 뛰게 하는 설득력을 갖추면 당신은 목표 달성에 절대 실패하지 않는다.

믿는 대로 이루리라

앞에서 소개한 모든 것을 갖췄음에도 여전히 목표 달성에 실패하고 있는가? 그렇다면 당신은 즉각 검토해야 한다. 당신에게 '자존감'이 결여되어 있는지를. 당신이 당신 자신에 대해 얼마나 큰 믿음을 갖고 있는지를.

목표를 세울 때는 다음의 두 가지를 숙고하라.

첫째, 당신 자신에 대한 믿음을 높이는 방법.

둘째, 거울을 들여다보며 자신의 정체성 온도를 높이는 방법.

사람은 믿는 대로 성취한다.

자신을 끊임없이, 습관적으로 의심하고 평가절하하고 책망하면서 목표를 이룬 사람은 지구상에 존재하지 않는다. 자아도취에 빠지라는 이야기가 아니다. 일단 목표를 세웠다면 자신을 믿고 빈틈없이 노력해 나가야 한다.

의심하며 걷는 길이 아니라 믿으면서 걷는 길에서 더 좋은 개선책을 발견해낼 수 있다. 자책이 아니라 자신감에 넘쳤을 때 우리는 더 쉽고,

더 설득력 있게, 더 열린 마음으로 우리 자신의 단점들을 교정할 수 있다. 자신을 폄하하는 태도에서 벗어날 때 세상의 왜곡된 시선으로부터 자유를 얻고, 더 객관적인 시선으로 나를 평가해줄 수 있는 사람을 만날 수 있다.

믿음과 자존감이 높을 때 우리의 의식과 잠재의식은 훌륭한 동맹이 될 수 있다. 믿음과 자존감이 결여된 사람은 목표를 향해 폭발하는 지뢰를 가득 짊어지고 달릴 뿐이다.

다양한 시간대에 걸쳐라

걱정, 혼란, 불안, 고통을 매일 안고 살아가는 사람이 많다. 이런 상황에서 목표를 세우면, 그 목표의 고삐를 쥐고 원하는 삶을 설계할 수 없다. 그저 그 상황적 조건에 반응하는 아주 낮은 수준의 목표라고도 할 수 없는 것들에 매달려 살아가게 된다. 뭔가를 향해 나가는 대신, 뭔가를 피하기 위해 멀어지는 삶은 끔찍하다.

우리는 자신이 살아온 상황과 두려움이 아닌 자신의 상상력과 꿈에서 탄생한 목표를 가져야 한다. 그다음에 따라올 수밖에 없는 질문은 '이것을 어떻게 할 수 있는가?'다.

먼저 외부 환경의 영향을 차단한다.

이렇게 질문하라.

'나에게 간절한 목표는 자신감과 행복, 힘을 느끼는 상황에서 이루어지겠는가, 두려움과 실패, 우울함을 느끼는 상황에서 이루어지겠는가?'

상투적인 질문처럼 느껴지는가? 하지만 당신은 이런 질문을 아마도 한 번도 스스로에게 던져본 적 없을 것이다. 한 번 해보라. 한 번 해봤다면 '한 번 더' 해보라. 뭔가 마음에 반향이 생겨날 것이다.

더 나은 목표에서 더 나은 결과가 나온다. 그리고 더 나은 목표는 당신이 성취하고 싶은 것을 결정하는 동안 삶에서 부정적인 것을 벗어던질 때 만들어진다. 물론 여기에도 기막히게 멋진 공식은 없다. 단순하게 접근하는 것이 좋다. 단, 절정 상태에서 목표를 세워야 한다는 것을 명심하라.

절정의 상태로 전환하려면 신체적인 활동이 효과적이다. 산책과 조깅을 하라. 자전거를 타고 바벨을 들어올려라. 수영을 하고 서핑 보드에 올라라.

이런 활동을 하면 엔도르핀이 분비된다. 엔도르핀은 당신을 절정 상태로 이끌고, 이 절정 상태가 최고의 창의적인 상태와 연결된다.

최고의 창의적인 상태에서는 사물을 다르게 볼 수 있다. 당신은 가능성을 상상하고, 아드레날린은 당신에게 지금 가장 절실하고 소중한 목표를 만들어내는 데 요구되는 자신감을 불러일으킨다. 이런 에너지가 만들어지면, 그 에너지가 자연스럽게 목표로 이동한다.

앞에서도 설명했지만 목표는 에너지의 형태다. 이제 그 에너지를 가동시키는 것이 무엇인지 당신은 알 것이다.

최고의 목표를 세웠는가? 그렇다면 이제 그것을 종종 되풀이해야 한다. 목표를 반복해서 절정의 상태에서 떠올리게 되면, 그것을 달성하는 데 유용한 아이디어들이 마음을 채우게 된다. 잊지 마라, 당신을 절정의 상태로 만들어라. 그러면 모든 과정이 저절로 이루어진다.

절정의 상태에서 목표를 떠올리는 데 도움이 되는 다양한 도구를 활용하라. 스마트폰, 사진, 메모, 약속 알람, 녹음 앱 등등을 활용해 목표를 반복적으로 떠올리는 습관을 강화하라.

목표를 세우는 최선의 방법은 여러 시간대에 걸쳐 목표를 설정하는 것이다. 목표를 세우기 위해 1월 1일만을 기다리는 사람이 얼마나 많은가! 최고의 성과를 내는 사람들은 하루에도 몇 번씩 목표를 세우고 반복해서 검토한다.

부정적 감정, 생각, 상황에 반응하는 데만 급급한 삶을 살지 않으려면 매 시간, 매일, 매주, 매월, 매년 목표를 세워라. 3년이나 5년 계획을 세우는 것도 효과적이다. 최고의 목표 설정은 혼합적인 시간의 틀을 이용하는 것이다. 그러면 단기적인 목표(추진력 확보)와 장기적인 목표(인생 변화) 사이에 균형과 조화가 생겨나고, 멀어지는 삶이 아니라 가까워지는 삶을 살게 될 것이다.

이렇게 혼합된 시간의 틀이 눈앞에 있을 때, 규칙적으로 자신의 목표를 반복하는 습관을 들이기가 쉽다. 이것이 의식적인 사고에 목표를 심어두는 방법이다. 의식적인 사고에 목표가 뿌리내리면, 우리의 잠재의식이 자동적으로 작동하면서 뇌의 활동이 시작된다.

실현 불가능한 것을 얻는 법

나는 매년 내 목표의 가장 중요한 키워드를 선별해 노트에 적어놓는다.

예를 들어 '회복탄력성', '배려', '사랑', '감사', '빈틈없는', '철저한 준비' 등등의 단어를 '올해의 전략 키워드'로 선정한 다음 그 단어에 걸맞은 대상을 향해 발을 들여놓는다. 이 단어들은 매 순간 나침반이 되어준다. 내가 가야 할 길의 훌륭한 안내자가 되어준다. 그리고 나는 1년 내내 이 단어들을 힘겨울 때보다는 즐겁고 행복할 때 반복해서 떠올린다.

절정의 상태에서 이 단어들에서 탄생한 목표를 떠올리면, 뭔가 할 수 없다고 생각하는 뇌의 일정 부분이 꺼져버린다. 그리고 나는 성탄 전야의 어린아이가 된다. 받고 싶은 모든 선물 목록을 만든다. 목록 작성에는 4분 정도 걸린다. 편집 같은 것은 없다. 생각나는 모든 것을 그냥 써 내려간다. 크고 작은 내 모든 욕망을 쏟아냄으로써 내 머릿속을 깨끗하게 비워낸다.

이 일을 하는 동안 나는 일어나 이러저리 서성인다. 그리고 내 피가 점점 뜨거워지는 것을 확인한다. 절정 상태에 머무른 채 내면에서 거세게 흐르는 에너지를 만들어낸다. 일단 단일한 주요 목록이 만들어지면, 이렇게 설정된 목표가 고정될 수 있도록 몇 가지 작업을 한다.

설득력 있는 이유가 생긴 것을 확인한 뒤 나는 특별한 목표를 세웠음을 확신하기 위해 깊은 검토를 한다. 인간의 뇌는 추상적인 아이디어는 잘 처리하지 못한다. 구체적이고 상세하고 정확한 정보의 조각들을 전면에 내세울 때 뇌는 최고의 효율로 가동된다.

따라서 나는 '몸매를 좀 더 가다듬으면 한결 나을 거야'라고 말하지 않는다. 이는 너무 추상적이다. 체중 감량이 목표라면, 나는 내가 바라는 정확한 허리둘레 치수가 얼마인지, 정확하게 몇 킬로그램을 뺄 것인지, 혈압 수치를 어느 수준까지 감소시킬 것인지 등등에 집중한다.

막연한 생각은 늘 막연한 결과를 낳는다. 구체적이 된다는 것은 '책임감'을 갖는다는 뜻이다. 당신이 유능한 사업가라면 올해 매출 목표를 묻는 기자들의 질문에 '큰돈을 벌 것입니다'라고 하지 않을 것이다. 부자가 되는 사람은 큰돈을 갈망하는 사람이 아니라 '100만 달러'를 버는 사람이다. 목표의 마감 시간을 정하는 것도, 목표를 이루는 데 매우 큰 역할을 한다. 서른 살이 되기 전에 부자가 되지 못한 사람은 '서른 살'이라는 마감 시한을 불가능하다고 여겼기 때문이다. 목표는 실현 가능한 것들 중 하나를 선택하는 게임이 아니다. 목표는 실현 불가능한 것처럼 보이지만 사실은 실현 가능한 것이었음을 증명해나가는 게임이다.

목표를 세우고 난 후에는 누가 나를 도울 수 있는지도 결정해야 한다. 아내가 될 수도 있고, 동업자가 될 수도 있고, 유년시절 친구가 될 수도 있다. 중요한 것은 당신의 목표를 그들과 명확하게 공유하는 것이다. 그러면 그들은 당신에게 필요한 객관적 평가자, 지혜로운 코치, 열렬한 팬이 되어줄 수 있다.

자, 이제 목표를 향해 본격적으로 달려보자.

하루에도 몇 번씩 나는 내 목표를 큰 소리로 외친다. 청각이 가세할 때 목표의 반복은 큰 효과를 얻는다는 사실을 생생하게 깨달았기 때문이다. 시각화 작업도 중요하다. 성공하는 사람들은 대체로 드림보드dream board나 사진을 이용한다. 욕실 거울이나 자동차 안에 목표를 써 붙여놓는 사람들도 있는데, 나도 이 방법을 애용한다.

어떤 전문가는 특정한 목표를 이미 달성한 것처럼 행동하라고 주문하는데, 내 경우에는 아무런 효과가 없었다. 나는 이 같은 행동을 거짓으로 느끼는 경향이 강했다. 아직 실현되지도 않았는데 100만 달러를 벌었다고 어떻게 외친다는 말인가?

그렇게 하는 대신 나는 매일의 기도에 내 목표를 포함시킨다. 매일 명상을 하면서 목표를 떠올리는 사람들도 알고 있는데, 그들은 모두 훌륭한 성과를 보여준다.

목표의 반복은 매일 같은 시간에 하는 것이 더 쉽다. 나는 아침에 잠에서 막 깨어났을 때, 그리고 밤에 잠자리에 들기 직전에 목표를 반복하기를 좋아한다.

반복은 망상체활성계인 라스RAS를 가동하기도 한다. 라스는 우리에게 중요한 것을 골라서 인식하도록 해주고, 그렇지 않은 것은 걸러내는 정신의 근육 같은 것이다. 라스에 대한 더 자세한 내용은 2장을 참조하기 바란다.

마지막으로 나는 목표에 반드시 도달할 것이라는 '기대감'을 만들어낸다. 즉 실현 불가능한 것이 결코 아니라, 지금 당장은 아니더라도 언젠가는 실현 가능할 것이라는 생각을 지속적으로 내 자신에게 주입한다.

기대감은 성공에 필요한 도구와 자원을 내면에서 꺼내주는 역할을 한다. 무엇이든 하면 된다는 자신감의 긍정적인 뼈대를 이룬다. 나의 뇌는 내가 스스로 성공할 것이라는 기대를 품을 때 최대 이익을 가져다주는 해결책을 더 끌어당기는 역할을 한다.

'한 번 더'의 습관을 가진 나는 남들이 열 번 반복할 때 열한 번의 반복을 계획하고 실행한다. 목표를 이루는 데 필요한 마음의 생각 창고를 남들보다 한 평 더 넓힌다. 한 번 더 질문하고, 한 번 더 자신감과 기대감, 믿음을 갖는다. 남들보다 한 번 더 설득력 넘치는 이유를 찾아내고, 한 명 더 도움이 되어줄 코치와 멘토, 안내자를 찾는다.

명심하라.

이 '한 번 더'가 모여 실행 불가능한 목표를 실행 가능한 공간으로 옮겨놓는다.

10장

더 높은 기준으로 떠나라

THE POWER OF
ONE MORE

살아가면서 우리가 내리는 모든 판단 가운데
우리의 내적 기준에 따라 자신에게 내리는 평가보다
더 중요한 것은 없다.

_데니스 웨이틀리

놀라운 사실을 하나 전하자면, 당신은 당신의 목표에 도달하지 못할 가능성이 높다. 하지만 좋은 소식도 있다. 목표 달성에 실패하더라도 '기준'에 대한 통제력을 잘 갖추고 있으면 언제든 그 실패를 더 큰 성공으로 바꿔놓을 수 있다는 것이다.

그렇다. 그것은 분명한 사실이다.

다행하게도 목표goal와 기준standard은 동전의 양면과 같다. 이 두 가지는 서로 촘촘하게 맞물려 있다. 다시 말해 목표를 이룰 확실한 가능성을 당신이 원한다면, 당신은 당신의 기준을 혁신해야 한다. 그러면 목표 달성은 자동적으로 이루어진다.

다음은 그에 관한 방법이다.

목표와 기준의 차이

흔히 목표와 기준을 혼용한다. 이 둘을 같은 것으로 착각한다. 하지만 목표와 기준은 같은 것이 아니다. 목표에 도달하기 전에 기준의 역할과 그것이 왜 중요한지에 대해 먼저 알아야 한다.

목표와 기준의 결정적인 차이는 다음과 같다.

목표는 생각에서 비롯된다. 목표는 마음에 뿌리를 내리는 바람직한 결과다. 목표는 뇌를 통해 확인되기도 하고, 그저 덧없는 생각으로 흘러가기도 한다. 목표를 달성하고 싶다는 결심을 할 때 우리는 이 생각을 행동으로 옮기는 수단으로서 '기준'을 만들어낸다. 즉 기준은 흔쾌히 받아들일 수 있는 '성취의 표준'으로 생각하면 된다. 기준은 목표를 향해 우리를 이끄는 행동들이다. 목표는 당신의 기준에 접근하는 방법과 전략들의 부산물byproduct, 즉 부차적인 결과물이라고 할 수 있다. 기준이 뒷받침되지 않는 목표는 공허하고 쓸모가 없다.

성공하려면 우리는 끊임없이 목표를 검토하고 상향 조정해야 한다. 이는 우리의 기준을 지속적으로 검토하고 상향 조정해야 한다는 말과 일맥상통한다. 먼저 우리는 우리가 흔쾌히 받아들일 수 있는 것과 받아들일 수 없는 것이 무엇인지 평가할 필요가 있다.

최고들에게는 최고의 기준이 있다

식품 매장을 운영하고 있는 당신은 최근의 평균 월 매출액을 흔쾌히 받아들일 수 있는가? 매달 당신이 가져가는 순이익에 만족하는가? 지금처럼만 행복하면 더 바랄 것이 없겠는가? 일을 할 때 지금처럼만 열정을 가질 수 있다면 좋겠는가?

이 질문들에 대한 답이 '예스'라면, 당신은 앞으로도 그것들을 계속 얻게 될 가능성이 크다. 사업이든 인간관계이든 건강이든 간에, 현재 당신이 얻고 있는 결과를 변경할 방법은 오직 하나다. 그것들을 '도저히 받아들일 수 없다'는 당신의 결심뿐이다.

지금보다 더 많은 돈을 벌겠다는 목표를 향해 당신을 움직이게 하는 것은, 지금 당신이 벌어들이는 돈의 액수를 도저히 받아들일 수 없다고 결심할 때만 가능하다. 당신이 뭔가를 기꺼이 허용할 수 있다면, 아마 당신은 그것을 얻게 될 것이다.

기억하고 또 기억하라.

돈을 지금보다 더 많이 벌겠다는 목표는, 현재 받아들이고 있는 것들에 대한 당신의 기준이 바뀌지 않는 한 이루어지지 않는다. 목표의 달성 여부는 '허용의 한계치'가 결정한다.

우리가 실패나 좌절의 느낌을 경험하는 까닭은 간단하다. 우리가 세운 기준이 너무 낮기 때문이다. 기준은 너무 낮은데 목표는 공허하게 보일 만큼 높기 때문이다. 아울러 기준을 명확하게 정하지 않으면, 명쾌하게 정의하지 않으면 타인은 당신에게 무엇이 허용되고, 무엇이 절대 허용되지 않는지 알 수가 없어진다. 따라서 당신의 기준을 훼손하는 행동을 하게 된다. 이 또한 목표를 이루지 못하는 사람들의 대표적인 유형이다. 타인에게 당신의 기준을 명확하게 알려주지 않으면, 당신은 늘 상처를 받고 목표 달성에 계속 실패하게 될 것이다. 또 하나 명심할 것은 높은 기준을 갖지 않으면 언제나 낮은 기준을 가진 사람과 만나게 된다.

당신의 인간관계는 분명히 정의되어야 하고 상호간 동의를 받아야 한다. 당신이 받을 만한 가치가 없는 대우는 결코 허용하면 안 된다. 배우자나 남자친구, 여자친구, 사업상의 관계, 혹은 당신의 인생에 등장하는 그 누구라도 관계의 기준을 정하라. 그 기준은 당신의 자존감과 일치되어야 한다.

누구나 다니고 싶어 하는 최고의 회사, 언제나 강력한 우승 후보로 평가받는 최고의 스포츠 팀의 공통점이 무엇인지 아는가? 바로 '최고의 기준'을 가지고 있다는 것이다. 높은 기준이 존재하지 않는 조직은 최대 성과를 올리지 못한다. 현재 독점적 지위에 있는 회사라 할지라도 그 기준이 상향 조정되지 않고 있다면 반드시 쇠락의 길을 걷게 된다.

당신이 사업가라면 높은 기준을 직원들과 분명하게 공유해야 한다. 그들이 망설임없이 회사의 높은 기준을 누구에게나 말할 수 있어야 한다. 당신이 특정 회사에 다니는 직장인이라면, 당신의 회사가 어떤 기준을 갖고 있는지를 면밀히 살펴야 한다.

'한 번 더' 상호작용을 점검하라

당신은 이미 삶을 규정하는 기준을 갖고 있다. 이 기준은 어디에서 왔을까? 당신의 기준은 당신과 함께 일하는 사람들, 부모와 친구, 가족,

소셜 미디어, 뉴스 미디어, 당신이 읽은 책을 반영한다. 즉 당신의 기준은 당신과 상호작용하는 대상에게서 강력한 영향을 받는다.

당신이 운동선수라면 르브론 제임스, 마이크 트라우트, 마이클 조던 등을 숭배할 것이다. 당신이 지금 막 스타트업을 만든 엔지니어라면 스티브 잡스, 마크 저커버그, 제프 베조스를 꿈꿀 것이다. 당신은 마틴 루터 킹, 마하트마 간디와 같은 인류의 현자들에게서 깊은 감동을 받고 있는 사람일 수도 있고, 마이클 잭슨, 비욘세, 아델 등과 같은 우리 시대 최고의 대중 스타들에게서 살아갈 힘을 얻고 있을 수도 있다. 어쩌면 당신은 미지의 곳에서 낯선 사람들과 나눈 대화 한 마디를 평생 가슴에 새기고 살아가는 사람일 수도 있다.

매일 '한 번 더' 현재 당신과 교감하고 작용하는 대상들을 점검할 기회를 가져라. 인간은 사회적 동물이다. 따라서 당신의 기준은 타인의 조언과 경험, 노하우로부터 가장 강력한 영향을 받는다. 당신이 지금 이 책을 읽고 있는 이유도, 이 책에서 당신의 기준을 높여줄 단 한 줄의 지혜와 조언이라도 얻기 위해서다.

현명하고 긍정적인 상호작용은 현명하고 긍정적인 생각을 우리에게 선물한다. 그것이 곧 우리의 기준이 되고 정체성의 밑바탕이 되어준다.

'한 번 더' 상호작용을 점검하면 좋은 관계를 그르치는 경솔한 판단과 행동을 예방할 수 있다. 더 이상 안고 갈 수 없는 관계들에 대한 분명한 정리 기준을 얻을 수 있다.

'한 번 더' 상호작용을 점검하면 궁극적으로 '자기 자신'에게 높고 강한 믿음을 선물할 수 있다.

당신의 뇌를 믹서기로 생각하라

익숙하지 않은, 낯선 생각에 기꺼이 노출되어라. 그러면 당신의 뇌는 그 생각에 동의하든 하지 않든 간에, 그 모든 조언을 받아들이며 새로운 것을 만들어내기 위해 그 생각들을 혼합한다. 낯선 생각에 노출되는 동안 당신은 표면적으로는 새로운 개념과 아이디어 들을 정면으로 거부할지 모른다. 하지만 당신의 잠재의식에서는, 당신의 뇌가 시간을 두고 그것을 처리한다. 이것이 왜 중요하냐고? 바로 이러한 잠재의식 속 뇌의 활동이 당신의 사고방식을 새롭게 바꿔놓을 것이기 때문이다. 당신을 더 높고 발전된 기준으로 이끄는 사고방식을 당신에게 선물할 것이기 때문이다.

매일 우리는 정보의 홍수에 시달린다. 이는 바꿀 수 없다. 하지만 이 홍수 속에서 살아남을 수 있는 방법은 있다. 정보를 받아들이는 강력한 기준을 만드는 것이다.

매일 '한 번 더' 다음과 같은 문장을 의식적으로 외쳐라.

'나는 나만의 독창적인 기준을 활용해 내게 가치 있는 정보만을 받아들이겠다!'

우리가 실패하는 이유는 쏟아지는 정보들을 '무의식적'으로 받아들이기 때문이다. 아니, 쏟아지는 정보들 앞에 속수무책으로 서 있기 때문이다. 이는 어떤 결정의 결과가 아니라 게으름의 결과일 뿐이다. 당신이 게을러서 접촉하는 사람과 장소, 집단, 미디어의 기준에 당신을 맞춘다면, 모든 사람과 똑같은 결과를 얻는 데 그칠 것이다.

이것은 최고의 삶으로 가는 길이 단연코 아니다.

지금 더 높은 기준을 향해 가고 있는가?

당신은 지금의 연봉에 만족하는가? 어쩌면 당신은 지난 3년간 연봉 7만 5,000달러를 받는 직장에 매여 있을지도 모른다. 그리고 당신은 스스로에게 이렇게 말한다.

'내년에는 10만 달러를 벌고 싶어!'

이것이 당신의 목표다.

그러면 이제 '어떻게 그 목표에 이를 수 있을까?'라는 질문이 도출된다. 바로 이 순간이, '기준'이 작용하는 부분이다. 기준은 당신이 목표를 달성하기 위해 취해야 하는 일련의 특별한 행동이다.

지금보다 3만 달러를 더 벌기 위해 당신은 더 매력적인 승진 후보가 되겠노라 결심할 수 있다. 이를 위해 중요한 고객에게 '한 번 더' 전화를 하고, 비즈니스 멘토를 '한 번 더' 찾아갈 수도 있다. 한 시간 더 일찍 출근하고, 한 시간 더 늦게 퇴근하는 계획을 짤 수도 있다. 또는 3만 달러를 더 벌게 해줄 직업을 하나 더 가질 수도 있다.

그 어떤 기준을 세우고 행동 계획을 짜든 간에, 정확하고 구체적으로 하라. 기준은 정확하고 구체적일 때 가장 가치가 있고, 가장 강력해진다.

고객들에게 일주일에 20회 이상 전화를 하라. 18개월 안에 석사학위를 딸 수 있는 강의를 들어라. 토요일마다 6시간 근무하고 일주일에 3일은 두 시간 더 근무하겠다고 스스로에게 약속하라. 이런 행동들은 목표에 도달하기 위한 당신의 기준이 된다.

많은 사람이 실패하는 이유는 목표는 창대한데, 그것을 얻기 위해 치러야 할 대가는 매우 작기를 원하기 때문이다. 목표가 크면 클수록 기준도 그만큼 커야 한다. 치러야 할 대가를 크게 만들어놓으면 목표는 자동적으로 커진다. 앞에서도 살펴보았지만, 목표는 기준(대가)에 따른 행동들의 부산물일 뿐이다.

당신이 좋아할 만한 소식을 하나 전해보자.

목표에 걸맞은 기준을 세우면 당신의 삶은 스트레스를 훨씬 덜 받는다.

닉 사반Nick Saban은 역사상 가장 훌륭한 대학 미식축구 감독으로 평가받는다. 그는 감독으로서 300 경기에 출전해 80퍼센트가 넘는 경이로운 승률을 기록했다.

그는 다른 감독들과는 사뭇 다른 기준을 세운다. 다른 감독들이 '우리는 제대로 할 때까지 훈련을 해야 해'라는 기준을 세울 때 사반 감독은 '우리는 잘못하는 것이 불가능할 때까지 훈련해야 해'라는 기준을 세운다.

어떤가? 너무 미묘한 차이로 느껴지는가?

하지만 당신은 이미 알고 있다. 챔피언과 챔피언이 되지 못한 자 사이에는 언제나 백짓장 한 장 정도의 차이가 존재한다는 것을.

현재의 삶이 만족스럽지만 감흥은 별로 없는 날들이 이어지고 있다면 '한 번 더' 당신의 기준을 점검해보라.

'나는 지금 더 높은 기준을 세우고 있는가?'

이 단순한 질문이 당신에게 챔피언 반지를 선물할 것이다.

탁월한 기준을 만드는 9가지 방법

명확하고 경계가 뚜렷하며 더 높은 기준을 설정하는 방법에 대해서 살펴보자.

1 당신의 '왜'를 강렬하게 만들어내라. 동기가 명확하지 않으면 목표를 위한 최적화된 기준을 개발해내지 못한다. '살을 한 20킬로그램 정도 빼면 괜찮을 것 같군'이라고 말하는 것과 '요즘 들어 허리가 아픈 데다 의사한테 고혈압과 경계성 당뇨라는 진단을 받았어. 평균수명이 아무리 늘어난다 하더라도 건강하지 않은 노후는 별 의미 없지. 그래서 20킬로그램을 꼭 감량하고 싶어'라고 말하는 것 사이에는 큰 차이가 존재한다. 뭔가를 실천하고자 하는 이유가 더 강렬하고 더 구체적일수록 더 높은 기준을 향해 나갈 가능성이 커지는 것이 성공의 제1법칙이다.

2 달성 가능한 단계로 세분화하라. '아침에 일어나면 조깅도 좀 하고 웨이트 트레이닝도 좀 해야지'라고 말하지 마라. 기준은 가치지향적이고 치밀하며 구체적이어야 한다. '일주일에 3일은 12킬로미터를 달리고 5일 동안은 트레이너와 함께 최적화된 근력 운동을 해야지. 그리고 식단도 단백질과 채소 위주로 바꿀 거야'라고 계획하라.

3 자신에게 정직하라. 예를 들어 55세의 나이에 체중이 150킬로그램일 경우 위에서 예로 든 운동 계획을 실행에 옮기면, 그것은 실패를 예약

하는 것일 뿐 아니라 119 구급차에 실려 갈 준비를 하는 것이나 다름없다. 목표와 기준을 세울 때는 절대 허영심을 부리지 마라. 자존심도 필요 없고 남들의 시선도 필요 없다. 오직 당신 자신에게 맞는 적합한 지점에서 시작하라. 어떤 운동을 시작할 때 값비싼 장비부터 구입하는 사람이 그 운동 목표를 이루는 경우를 나는 보지 못했다. 일단 앞으로 나가라. 그러면 목표와 기준은 언제든 자연스럽게 상향 조정할 수 있다. 성공은 마무리를 하는 사람이 아니라 시작하는 사람의 것이다. 남들이 모두 게으름 속에서 웅크리고 있을 때 이를 박차고 나와 '한 걸음'을 뗀 사람의 것이다.

4 도움을 적극적으로 찾아라. 함께 운동할 친구를 찾는다. 통찰력 있는 사업 멘토를 구한다. 동기부여에 관련된 오디오북과 팟캐스트를 꾸준히 청취한다. 같은 생각을 가진 사람들과 여행을 떠난다. 당신의 노력을 지지해줄 수 있는 사람을 찾기 위해 무엇이든 한다. 하지만 좋은 사람들이 곁에 있음에도 분명 흔들리는 시기가 올 것이다. 포기하고 싶을 것이다. 그게 정상이다. 확신이 흐려지고 의심과 회의가 찾아올 때, 처음부터 기준을 너무 높게 잡았다는 자책과 불평이 온몸을 감쌀 때, 바로 그 지점에서 성공은 우리를 테스트하기 시작한다. 처음의 동기를 떠올려라. 무엇이 당신의 발목을 잡고 있는지 냉정하게 확인한 후 최대한 그것을 제거하라. 당신이 가장 신뢰하는 사람들의 조언과 생각, 행동을 재점검하라. 그들에게서 긍정적이고 의미 있는 메시지를 걸러내라. 오늘의 우군이 내일의 적이 되는 세상이다. 단지 친숙하다는 이유로 종

양을 키워서는 안 된다. 가치 있는 목표와 그에 걸맞은 기준은 쉽게 도달할 수 있는 것이어서는 안 된다. 뜨거웠던 의지가 흔들린다면 노력을 배가하라. 자부심을 가져라. '한 번 더' 악전고투하면서 '한 걸음씩' 앞으로 나가라.

5 절정의 영상을 만들어라. 스마트폰과 컴퓨터를 활용해 목표와 기준에 대해 스스로 다짐하는 영상을 만들어라. 이 효과를 절대 얕잡아보지 마라. 내가 만난 성공자들은 거의 모두가 이런 영상을 몇 개씩 갖고 있었다. 에너지가 충만한 상태에서 정신을 집중해 영상을 만들어라. 그러면 그 영상을 재생할 때마다 늘 '절정의 상태'에 올라 있는 당신의 모습을 발견하게 될 것이다. 영상 시청은 뇌의 자극을 한껏 끌어올린다. 그리고 뇌는 더 유연하고 더 강화된 학습 방안을 만들어낸다. 영상 속에서 당신은 당신이 되고 싶은 사람의 모습을 볼 것이다. '당신의 2.0'이라고 생각하면 된다.

6 목표와 기준의 관계를 숙고하라. 비너스 윌리엄스와 세리나 윌리엄스 자매는 이곳저곳에서 친선 경기를 하면서 테니스 실력을 세계적인 수준으로 끌어올린 것이 아니다. 그들은 '세계 최고의 테니스 선수'라는 목표를 세우고 '수천, 수만 시간을 훈련한다'는 기준을 갖고 있었기에 전설의 반열에 오를 수 있었다. 목표에 걸맞은 기준을 설정해 이를 실행에 옮기는 데 성공한 것이다. 목표와 기준을 설정할 때는 최고의 아마추어 선수가 될 것인지, 최고의 프로 선수가 될 것인지를 먼저 결정

하라. 동네 대회에서 우승하기 위해 수만 시간을 훈련하는 것은 미련한 짓이다. 에너지를 풀 가동하지 않을 생각이면 낮은 목표와 낮은 기준으로도 충분하다. 남들은 엄두도 못 내는 기준을 세워라. 그때 비로소 '남들은 엄두도 못내는' 성공 프로젝트가 기지개를 켜며 시작된다.

7 완벽해야 한다는 생각을 버려라. 이런 생각은 당신에게 장애물이 될 뿐이다. 완벽이라는 기준은 현실적으로 존재하지 않는다. 아울러 '완벽'이 우리가 추구해야 할 더 높은 기준도 아니다. 완벽해지기 전까지는 경기에 나가고 싶지 않은가? 그렇다면 당신은 평생 벤치에 앉아 관전만 해야 할 것이다. 세상은 완벽한 선수를 원하지 않는다. 경기에 누구보다 열정적으로 출전할 수 있는 선수를 원할 뿐이다. 완벽하지 않기 때문에, 결점이 있기 때문에 인간은 매력적인 것이다. 완벽은 지루하고 재미 없는 충동일 뿐이다.

8 걱정에 목숨 걸지 마라. 근면하고 철저한 태도를 갖추면 충분하다. 단, 절대 스스로 과신하거나 잘난 체하면 안 된다. 나는 수많은 사람이 지나친 고민 때문에 자기 스스로에게 최악의 적이 되는 것을 목격해 왔다. 놀라운 사업 아이디어를 떠올리고도 어설프게 그걸 만지작거리고 우왕좌왕하며 자질구레한 것에 정신을 팔다가 출발선에 닿기도 전에 지리멸렬해진 경우도 수없이 지켜봐왔다. 걱정하고 고민하는 것은 그 자체로 나쁘지 않다. 하지만 지나치면 심각한 문제가 된다!

9 나를 먼저 만족시켜라. 우리는 너무 많은 에너지를 타인에게 쏟는다. 하지만 어떤 기준을 세우고 개발할 때는 철저하게 이기적인 태도를 유지해야 한다. 그 누구의 인생도 아니고 바로 우리의 인생이다. 습관처럼 남들의 시선을 의식한 목표와 기준을 설정하는 사람이 너무도 많다. 남들에게 자랑하기 위해 성공하고 싶은가? 이 질문은 평범해보이지만 매일 '한 번 더' 점검할 가치가 있다. 이 질문을 통해 오롯이 나 자신을 위한 삶을 살겠다는 다짐을 새롭게 스스로에게 각성시켜라. 타인을 내 삶의 전위에 세우면 귀한 시간을 낭비하게 된다. 예상치 못한 혼란을 겪을 것이고 시작할 때보다 더 나쁜 상황에서 끝이 날 것이다. NBA의 전설적인 감독 릭 피티노Rick Pitino는 이렇게 말했다. "타의 추종을 불허하는 기준을 세워라. 그러면 경쟁이 아무리 치열해도 상관없다. 오직 나 자신과만 경쟁하기 때문이다."

고독한 높이뛰기 선수가 되어라

성공을 원한다면 외로운 높이뛰기 선수가 되어야 한다.

하나의 기준을 통과하고 목표에 도달하면 다시 높이를 조정한다. 230센티미터에 가로놓인 바를 넘은 높이뛰기 선수가 그다음에는 바의 높이를 220센티미터로 조정하는 경우를 본 적 있는가? 250센티미터가 마지막 목표라고 말하는 높이뛰기 선수를 본 적 있는가? 훌륭한 선수에게 마지막 목표란 없다. 계속해서 높이를 상향 조정해 나갈 뿐이다.

4년 전 올림픽 대회에서 10위에 그쳤던 선수가 이번 올림픽에서 금

메달을 따는 경우를 우리는 종종 목격한다. 어떻게 이런 놀라운 도약이 가능했을까?

바로 타인의 기록과 '비교'하지 않기 때문이다. 경쟁자들이 250센티미터의 바를 넘으면서 메달을 땄을 때 자신은 거우 220센티미터밖에 넘지 못했노라, 한탄하고 좌절했다면 그는 4년 후 결코 우승하지 못했을 것이다. 그저 오늘 넘어야 할 목표가 있고 놀라운 수준의 기준을 세워 매일 이를 '한 번 더' 점검하고 '한 번 더' 시도했기에, 이 '한 번 더'가 모여 빛나는 결과가 탄생했을 것이다.

'지금 내가 갖고 있는 기준은, 나를 성장시키는가?'

이 질문을 매일 '한 번 더' 점검하라. 그러면 당신은 당신의 목표와 기준을 어떻게 상향 조정해나갈지 조금씩 조금씩 알게 된다.

남들이 지금 어떻게 훈련하고, 몇 센티미터를 넘고 있는지 신경 쓰지 마라. 그 시간에 당신이 지금 몇 센티미터를 넘고 있는지, 어제보다 오늘 얼마나 더 기록이 향상되었는지를 충분히 즐겨라. 그리고 점점 더 높은 기준에 도전하라.

타인과의 비교에 흔들리지 않고 오롯이 자신의 길을 가는 사람만이 '대안'을 발견할 수 있다. 처음에 생각했던 방법과 계획으로 성공의 결승점까지 도착하는 경우는 극히 드물다. 당신의 방법과 계획, 전략을 가장 잘 아는 사람은 바로 당신이어야만 한다. 그래야만 자신의 페이스를 조정하고 개선해, 예측할 수 없었던 돌발변수와 상황을 효과적으로 통제해 목표에 이르는 새로운 길을 발견, 개척해낼 수 있다.

허공에 가로놓여 있는 바, 그리고 뜨거운 도약만으로 기준을 가득 채우는 고독한 높이뛰기 선수가 되어라.

기대 이상의 삶 vs 기대 이하의 삶

변화는 반드시 좋은 쪽이든, 나쁜 쪽이든 '결과'를 만들어낸다. 더 높은 기준을 세우는 것 또한 일정한 결과를 낳는다. '한 번 더'의 습관을 가진 사람이 더 높은 기준을 세우면? 아마도 그 결과는 좋은 쪽일 확률이 엄청나게 높다.

당신의 목표가 더 높은 기준과 일치한다면, 당신은 더 충만하고 행복한 삶을 누릴 것이다. 삶의 몇몇 영역에서 이 과정을 반복할 때 당신은 강력한 변화를 경험하게 된다. 당신은 자기 자신을 더 잘 대해줄 뿐 아니라 타인들도 잘 대해줄 것이다. 마찬가지로 다른 사람들은 당신이 지금보다 더 나은 대우를 받기 위해 더 많은 노력을 하고 있다는 사실을 이해할 것이다. 그들은 그런 당신의 기대를 존중하고 더 큰 존경심을 담아 당신을 대할 것이다.

하지만 몇몇 사람은 당신의 훌륭한 기준과 성공을 질투할 것이다. 만일 그들이 당신을 계속 의심하고 질투하거나 당신의 성공을 함께 기뻐하고 축하해주지 않는다면, 그들과의 관계를 재고할 필요가 있다. 어차피 그들은 당신의 태도에 곧 적응할 것이다. 그렇지 않다면 좀 가혹하게 들릴지 모르지만 그들을 당신의 인생에서 정리해야 할 것이다.

더 높은 기준을 개발할 때는 '회복 탄력성' 또한 강화된다. 타격을 받아도 빨리 회복된다는 말이다. 더 높아진 당신의 기준은 습관이 될 것이고, 당신을 이끌던 낮은 기준을 대체할 것이다. 비록 완전한 성공을 거두지 못한다고 해도 더 높은 수준에서 실패하는 과정을 통해 도달하는 기준선 또한 더 높아질 것이다. 일단 자신의 먼지를 털고 나면, 당신은 새로운 목표와 또 다른 더 높은 기준으로 나아갈 수 있는 더 나은 위치에 존재하게 될 것이다.

인간의 삶은 둘 중 하나다. 기대 이상의 삶을 사는 것, 그리고 기대 이하의 삶을 사는 것.

당신의 기준은 어느 삶을 향해 가고 있는가?

11장

'한 번 더' 불가능한 것을
추구하라

THE POWER OF
ONE MORE

한 사람의 철학은 그가 한 말이 아니라,

그가 한 선택을 통해 가장 잘 드러난다.

우리가 한 선택은 궁극적으로 우리 자신의 책임이다.

_엘리너 루스벨트

'한 번 더'의 기본 철학은 '생각'과 '실행'의 결합이다.

최고의 삶을 얻으려면 단순히 '내가 지금 무엇을 원하는지'를 생각하는 것만으로는 충분치 않다. 아무리 뛰어난 생각을 한다고 해도 이를 실행에 옮기지 않으면 삶은 결코 바뀌지 않는다. 따라서 당신이 '한 번 더' 생각하는 사람이라면 반드시 '한 번 더' 실행하는 사람이기도 해야 한다.

당신이 '한 번 더' 생각하고 '한 번 더' 실행하는 사람이라면, 이제 당신은 '불가능한 것'을 생각하고, 이를 '가능한 성취'로 만드는 사람으로 도약하게 될 것이다.

생각이 실행을 규정한다

세계적인 베스트셀러 나폴레온 힐Napoleon Hill의《생각하라, 그리고 부자가 되어라Think and Grow Rich》를 아는가? 이 책은 수십 년 동안 성공하는 사람들의 침대맡을 지켜왔다. 성공하는 사람들의 영감과 아이디어의 원천이 되어왔다.

당신이 '한 번 더' 생각하는 사람이라면 반드시 이 책을 읽어야 한다. 이 책에는 불가능을 가능으로 만들어낸 수백 명의 인물이 등장한다. 그들은 불가능한 것을 생각할 때마다 가슴이 뛰는 사람들에게 지혜로운 가르침을 선물한다.

알고 있는가?

당신의 꿈이 곧 당신의 '부rich'가 된다는 사실을?

목장에서 소를 키우며 사는 것이 당신의 꿈일 수도 있다. 아니면 전 세계 빈곤지역에 청정수를 공급하는 일을 하는 것일 수도 있다. 또는 뮤지션이 되어 악기를 연주하고 노래함으로써 많은 사람들에게 즐거움과 감동을 주는 일을 꿈꿀 수도 있다. 이런 당신의 꿈이 당신의 '부'를 끌어당기는 역할을 한다.

나폴레온 힐은 모든 성공의 정의와 개념은 '생각(열망)'에서 출발한다고 강조한다. 물론 단순히 생각만으로는 부자가 될 수 없다. 열망에 걸맞은 담대하고 구체적인 실행이 뒤따라야 한다. 열망과 실행이 일치할 때 당신은 부자가 되거나 하이퍼포머가 되거나 꿈꿨던 행복한 일을 하게 된다.

나폴레온 힐은 이렇게 말했다.

"받은 것보다 더 많이 실천하는 사람은, 실천한 것보다 더 많은 것을 받게 될 것이다."

어떻게 해야 더 많이 실천할 수 있을까? 도저히 이룰 수 없을 것 같은 생각과 꿈을 가지면, 그것을 이루고 싶어하는 열망이 더 강렬해지고, 이 더 강렬해진 열망이 더 많은, 더 담대한 실행을 끌어낸다. 반면에 가능한 것만을 꿈꾸면, 그것보다 더 낮은 것을 얻을 뿐이다.

물리학자 아이작 뉴턴Isaac Newton은 이렇게 말했다.

"모든 운동에는 작용과 반작용이 존재한다."

나는 이를 업데이트해 이렇게 강조한다.

"모든 생각에는 작용과 반작용이 존재한다."

실행력의 크기는 생각이 결정한다. 실행력을 극대화하려면 생각의 크기를 극대화해야 한다. 생생하게 불가능한 것을 열망할수록 당신은 더 강력해진 실행력을 통해 그것을 얻을 확률이 커지는 것이다.

예를 들어 팔힘을 키우는 것이 당신의 목표라면 헬스클럽에 나가 덤벨 컬을 8회 2세트에서 10회 3세트로 늘릴 수 있다. 심장을 건강하게 만들고 싶다면 러닝머신 위를 달리는 시간을 30분에서 45분으로 늘릴 수 있다. 또는 운동 횟수 자체를 일주일에 3회에서 5회로 늘릴 수도 있다.

이처럼 눈에 보이지 않는 생각은 실행력을 통해 구체적인 실체를 얻게 된다. 따라서 불가능한 꿈과 생각 또한 그에 걸맞은 실행력을 통해 구체적인 실체로 성취될 수 있게 된다.

우리가 '한 번 더' 생각하고 '한 번 더' 실행하는 이유는, 남들과 똑같은 수준의 성취를 얻기 위해서가 아니다. 어떤 한계와 틀에 갇힌 목표를 이루기 위해서가 아니다. 그런 평범한 수준의 성공을 원한다면 '한 번 더'의 습관을 갖기 위해 노력할 필요가 전혀 없다.

불가능과 가능은 한 걸음 차이다

그리스의 철학자 에픽테토스Epiktetos는 이렇게 말했다.

"우리가 통제할 수 있는 유일한 것은 우리의 생각과 행동뿐이다. 그 밖에 있는 일은 걱정하지 마라. 생각과 행동 안에서 최고의 자신이 되어라."

인도의 지도자 마하트마 간디Mahatma Gandhi는 다음과 같은 목소리를 낸 많은 사람 중 한 명이다.

믿음이 생각이 되고,

생각은 말이 되고,

말은 행동이 되고,

행동은 습관이 되고,

습관은 가치가 되고,

가치는 운명이 된다.

작가 마크 트웨인Mark Twain은 이렇게 말했다.

"행동은 말보다 더 힘이 세다. 하지만 자주 나오지는 않는다."

불가능한 것을 생각해낸 후 이를 가능한 것으로 성취한다는 개념은 새로운 것이 아니다. 다만 이 두 가지를 하나로 묶는 것을 놓치고 있을 뿐이다. '뒤로 미루기', '인정하지 않기', '두려움' 등등은 사람이 생각에만 빠져 행동으로 옮기지 않는 것에 대한 상투적인 핑계일 뿐이다.

파티에서 가장 매력적인 이성에게 프로포즈를 해서 성공한 사람을 보면 모두가 감탄하며 질투한다.

'저 사람은 대체 어떻게 프로포즈에 성공했을까?'

간단하다. 모두가 불가능하다고 생각해 그에 따른 행동을 포기했을 때 '한 번 더' 불가능을 탐색함으로써 그 안에 숨어 있는 가능성을 성취해냈기 때문이다.

그렇다. 가능성은 불가능과 겨우 '한 걸음' 차이다.

아기는 이 세상에서 가장 놀라운 인간이다. 아기가 걸음마를 배울 때의 실행력을 따르면 우리는 반드시 성공한다.

처음 아기는 평생 자신이 기어다닐 수밖에 없다고 생각한다. 그러다가 다른 사람들은 똑바로 서서 걸어 다니는 것을 보고는, 자신도 일어서는 '불가능'을 극복하는 세상을 상상하기 시작한다. 아기는 식탁이나 소파를 잡고 몸을 일으켜 세운다. 그러다가 넘어진다. 몇 번인가는 울기도 하고 때로는 상처가 생길 수도 있다. 그러다가 마침내 아기는 똑바로 일어나서 한 발 한 발 내디디며 엄마와 아빠가 기뻐하는 가운데 보란 듯이 걷는다. 아기가 처음 일어서는 순간부터 혼자의 힘으로 걷기까지 연습하는 데는 수백 시간이 걸린다. 그것은 모든 부모가 축하해 줄 가치가 있는 기념비적인 성과다.

아기도 할 수 있는 것을 우리가 하지 못할 이유가 있겠는가?

기꺼이 큰 꿈을 꾸어라. 생생하게 열망하라. 어떻게든 그것을 해낼 액션 플랜을 짜라. 사교 댄스를 배우는 것이든, 주식 투자를 하는 것이든, 카네기홀 무대에 서는 것이든 간에, 불가능한 것을 생각함으로써 잠재의식을 풀 가동시켜라. 그러면 당신의 행동이 당신을 목표 지점으로 데려다줄 것이다.

무성영화 감상 전략

당신의 행동을 내게 보여준다면, 나는 당신이 어떻게 생각하는지 보여줄 수 있다. 당신의 행동이 당신의 생각을 반영하기 때문이다. 하지만 당신의 생각은 언제나 행동을 반영하지는 않는다.

이러한 인식은 매우 중요하다. 사람의 생각과 행동의 관계가 어떻게 작동하는지 알면 그 사람의 행동 양식을 예측할 수 있기 때문이다.

당신이 체중을 20킬로그램 빼기 위해 다이어트를 하려고 생각하고 있는지 아닌지는 말할 수 없지만, 당신이 어떻게 먹고 어떻게 운동하고 있는지에 따라 앞으로 당신의 몸이 어떻게 보일지는 말할 수 있다. 당신은 밤늦은 시간에도 과자나 아이스크림을 잔뜩 먹어 치우는가? 혹은 일주일에 몇 번씩 헬스클럽에 가서 땀을 흘리는가?

남자와 첫 데이트를 하는 여자에게 전달되는 몇 가지 '말'은 그가 어떤 남자인지, 앞으로 그와의 관계를 지속해도 좋을지를 알게 해줄 것이다. 남자가 당신을 위해 문을 열어주는가? 식당에 가면 남자가 주인이나 웨이터를 어떻게 대하는가? 남자는 당신과 함께 있을 때 전화기를 꺼 놓는가? 아니면 적어도 꼭 받아야 할 중요한 전화가 왔을 때 정중하게 양해를 구하는가? 많은 사람들이 이를 두고 여자의 '직감'이라고 부른다. 하지만 그것은 직감이 아니라 치밀한 관찰 기록의 결과일 수도 있다.

거물급 상대와 협상 테이블에 마주 앉아 있을 때, 그의 몸짓 언어는 당신에게 어떤 시그널을 보내오고 있는가? 그는 협상을 마무리하는 데 의욕을 나타내는가? 거래의 세부 사항까지 꼼꼼하게 질문하는가? 사소한 것들만 꼬치꼬치 캐묻고 있는가? 이 거래가 양쪽 모두에게 이익이 될 것이라는 판단으로 협상에 임하고 있는가?

당신이 타인과 주고받는 대부분의 상호작용에서, 당신의 행동은 언제나 당신의 생각을 뛰어넘는다. 앞에서 살펴본 바와 같이 생각이 행동을 규정하는 것은 사실이다. 그리고 인간의 삶은 생각이 아니라 행동에 기반한다는 것도 사실이다. 당신이 무엇을 하고 있는지 내게 시그널을 보내주면, 나는 당신의 생각을 맞힐 수 있다.

이를 더 쉽게 설명하기 위해 나는 '무성영화 감상'이라고 부르는 전략을 개발했다.

다른 사람과 주고받는 모든 상호작용에서 소리가 들리지 않는다고 상상해보라. 오직 그 사람의 행동을 근거로, 그에 관한 가정과 결정을 내리는 수밖에 없다. 소리가 부재하기 때문에 상대는 자신의 생각을 입 밖으로 털어놓는 것이 불가능하다. 즉 상대의 생각을 들을 수 없다. 하지만 소리가 없다고 해도 그가 펼쳐놓는 무성영화 속 행동을 통해 그의 생각의 결과를 알 수 있다.

'무성영화 감상' 전략의 또 다른 방법이 있다.

기회가 된다면 거실 소파에 앉아 있을 때 아직 본 적 없는 영화를 찾아서 관람해보라. 이때 소리는 음소거로 설정해둔다. 로맨틱 코미디 영화가 테스트하기에 딱 맞는 장르다. 흔히 이런 장르의 영화 줄거리는 두 시간에 걸쳐 모습을 드러내는 숨겨진 욕망에 집중된다. 공정하게 테스트해보라. 당신은 스크린에 펼쳐지는 행동들만으로도 줄거리를 파악할 수 있는가?

당신이 작품을 시청하는 도중 가족이나 친구로부터 전화가 왔을 때 시청을 중단하고 싶지 않다면, 당신은 이미 테스트에 합격한 것이다. 통화가 끝났을 때 몇몇 장면을 놓쳤다는 생각을 전혀 하지 않고 계속 음소거 상태에서 영화를 관람한다면 당신은 사람들의 생각을 읽어내는 데 재능을 갖고 있는 것이다.

바퀴를 정렬하라

무성영화 감상 전략이 중요한 이유는 타인과의 상호작용을 잘해나가기 위해서다. 인생의 승리가 대부분 여기에서 출발하기 때문이다. 누군가의 마음속에 무엇이 들어 있는지 이해하기 위해 노력하는 것이야말로 긍정적인 결과를 얻는 데 매우 중요한 요소다. 다만 앞에서 설명한 대로, 다른 사람이 무슨 생각을 하는지를 항상 알 수는 없다.

그렇다. 대부분의 사람은 말을 많이 함으로써 자신의 생각을 드러내곤 한다. 하지만 때로 입을 꾹 다문 채 자신의 생각을 숨기는 사람도 많다. 경우에 따라서는 능수능란한 거짓말을 펼치기도 한다.

상대의 생각을 읽어내는 것만큼이나 성공적인 인생을 위해 중요한 것이 있다. 바로 나 자신의 생각을 읽어내는 것이다. 나 자신의 생각을 읽어내려면 그것이 반영된 나의 행동을 점검하는 기회를 가지면 된다. 이를 통해 나의 생각과 나의 행동을 '정렬alignment'해내는 것, 그것이 성공의 핵심이다. 마치 안전 운전을 위해 자동차의 네 바퀴를 고르게 일렬로 정렬하는 것처럼 말이다.

생각과 행동을 정렬하는 데 성공한 사람을 막아설 걸림돌은 없다. 이제 그토록 열망하는 불가능한 꿈을 가능한 것으로 만들어 성취해나갈 모든 준비가 된 것이다. 모두가 불가능하다고 생각한 당신의 아름답고 높고 매력적인 생각을 당신의 행동에 충분히 반영해낼 수 있다! 남들이 도달하기 어렵다고 고개를 젓는 높은 기준을 생각해내고, 그 기준에 걸맞은 행동을 취함으로써 최고의 성공과 행복의 결실을 맛볼 수 있다!

영국의 철학자 존 로크John Locke는 이렇게 말했다.

"나는 언제나 생각한다. 어떤 사람의 행동이 그 사람의 생각을 가장 잘 해석한 것이라고."

생각과 행동이라는 두 바퀴를 정렬하는 것은 생각의 씨앗을 행동에 심는 작업이다. 그 씨앗이 꽃을 피우고 열매를 맺게 되면 우리는 원하는 생각대로 원하는 행동을 이끌어내는 것이 쉬워진다.

성공은 어려운 것을 이렵게 해내는 것이 아니다. 어려운 것을 쉬운 것으로 만들어내 이를 성취하는 것이다. 불가능한 생각을 가능한 것으로 만들어내 이를 성취하는 것이다.

　나는 긍정적으로 생각하는 사람들 대부분이 인생에서 성공을 거두었다는 것을 안다. 또 마찬가지로 회의적이고 비관적으로 생각하는 많은 사람 또한 성공을 거두었다는 것도 안다. 나는 대단한 비전을 가지고 승리한 사람들을 알고, 큰 비전을 갖고도 패배한 사람들을 안다. 제한적인 비전을 갖고 성공한 사람들도 안다. 공격적으로 크게 생각해 승리한 사람들도 알고, 보수적이고 위험을 피함으로써 성공한 사람들도 안다.

　성공을 안겨주는 단일한 사고방식은 없다. 다만 비범한 결과를 낳을 수 있는 유일한 행동 방식은 있다.

　'한 번 더' 불가능의 안쪽을 열정적으로 탐색함으로써 이를 가능성 있는 것으로 만들어 성취하는 방식이다.

12장

'한 번 더'
새로운 습관을 찾아라

당신의 가치는 당신의 좋은 습관에서
나쁜 습관을 뺀 후 남은 것에 의해 결정된다.

_벤저민 프랭클린

습관을 보면 인생이 보인다

당신이 현재 갖고 있는 습관들을 토대로 나는 당신이 앞으로 얻게 될 결과들을 정확하게 예측할 수 있다. 농담이 아니다. 습관은 삶의 모든 성과와 아주 노골적인 관계를 맺고 있다.

당신의 뇌는 믿을 수 없을 만큼 효율적인 기관이다. 그래서 너무나 당연하게도 습관의 중요성을 잘 이해하고 있다. 뇌의 DNA는 가능할 때마다 정신 에너지를 최대한 저장함으로써 당신을 보호하도록 설계되어 있다. 그리고 이 저장된 에너지를 아끼고 아껴 더 많은 지적 능력이 요구되는 삶의 다른 부분에 집중시킨다.

뇌는 끊임없이 에너지 절약을 외친다. 에너지 절약은 습관과 직접적인 관계가 있다. 습관이란 뇌가 잠재의식 속에서 최대한 적은 에너지를 사용해 원하는 것을 얻기 위해 취한 행동의 직접적인 결과다. 습관을 통해 뇌는 우리가 해야 할 일을 '자동화' 상태로 전환한다. 자동화 시스템이 연료의 효율을 극대화하기 때문이다.

아침에 일어나 양치를 하고, 옷을 입고, 가볍게 식사를 하는 일상을 몇 번이나 겪었는지 생각해보라. 이런 일상은 아침에 눈을 떴을 때 시작되는 것이 아니라 잠에서 깨어나기 몇 시간 전부터 시작됐을 것이다. 자동화 시스템을 통해 아침에 무엇을 해야 하는지 이미 알고 있기 때문이다.

습관은 이런 반복적인 루틴에만 적용되는 것이 아니다. 우리가 취하는 대부분의 행동은 습관에서 비롯된 것임을 보여주는 연구 결과도 많다.

어떤 사람은 아침 8시에 어김없이 커피 두 잔을 마신다. 또 어떤 사람은 매일 똑같은 시간에 점심을 먹는다. 골퍼는 스윙할 때 자신만의 틀이 있고, 헬스클럽에 등록한 사람들은 늘 같은 요일, 같은 시간에 가서 같은 운동을 하는 경우가 흔하다.

때로 습관은 우리가 아는 것보다 훨씬 더 구체적이고 강력한 틀에 박혀 있다. 예를 들어 사람들은 대부분 하루를 시작하기 위해 먼저 이를 닦거나 샤워를 한다. 이는 좀처럼 변하지 않는다.

당신은 어떤가? 무엇을 먼저 하는가? 그리고 얼마나 자주 이런 생각을 하는가?

한 걸음 더 들어가보자.

이 장에서는 행동을 이끌어내는 '유발 인자'에 대해 자세히 살펴볼 것이다. 일단 먼저 샤워를 예로 들어보자. 당신이 샤워를 할 때 갖고 있는 습관을 불러내는 유발 인자는 '물'이다.

당신은 머리를 감는 것에서 시작하는가? 비누로 거품을 내 가장 먼저 얼굴에 바른 다음 몸 전체에 바르는가? 당신만의 정해진 순서로 샤워를 하면서 물줄기가 잠시 등으로 흐를 때 하루의 구상을 시작하는가? 전혀 의식은 하지 않지만 당신에게는 분명 매일의 순서가 있을 것이다.

집을 나선 당신은 출근을 위해 차에 올라타 시동을 건다. 이 시동을 거는 것이 '하루의 일과'와 관련된 습관을 시작하는 유발 인자다. 당신은 거울을 조정하고, 안전띠를 매고, 라디오를 켜서 즐겨 듣는 팟캐스트를 연결하고, 연료 수치를 확인한 다음 주행을 시작함으로써 집을 떠나 일터로 향한다.

이 반복되는 일상에 뇌는 거의 에너지를 쓰지 않는다. 당신이 무엇을 해야 하는지 자동적으로 알기 때문이다. 당신이 차에 시동을 거는 단 하나의 유발 인자가 출퇴근 시간에 지속하는 습관을 유발함으로써, 그 과정에 들어가는 많은 에너지를 절약하는 것이다.

셀 수 없이 많은 행동 패턴의 주인은 '습관'이다. 굳이 의식할 필요가 없다. 그냥 하면 된다. 보통 이런 습관은 삶에 적절하다. 하지만 모든 습관이 삶을 최적화로 이끄는 효율의 세계로 안내하지는 않는다. 종종 우리는 어처구니 없게도 아무런 도움이 되지 않는 나쁜 습관을 들이기도 하기 때문이다.

따라서 인생을 바꾸는 방법은 간단하다. 습관을 바꾸면 된다. 습관을 원하는 삶의 방식과 일치시키면 된다('정렬'을 잊지 마라!).

우리는 지속적인 것을 원한다

높은 수준의 건강을 원하는가?

그런데 헬스클럽에 가서 운동하는 날이 일주일에 이틀뿐인가? 식단 관리는 너무나 어렵고? 그러면 당신은 그 목표를 이루지 못할 것이다.

가족의 행복을 원하는가?

그렇다면 당신은 배우자와 일주일에 한 번은 꼭 데이트를 하는 습관을 갖고 있는가? 자녀들과 일주일에 한 번은 함께 책을 읽는다는 규칙을 갖고 있는가? 특별한 일이 없으면 저녁식사는 집에서 하는 습관을 당신과 당신의 가족은 공유하고 있는가?

더 많은 평화를 원하는가? 그걸 얻기 위해 어떤 루틴을 갖고 있는가? 규칙적으로 기도나 명상을 하는가?

그렇다. 우리가 원하는 것은 '일회적으로 달성하면 사라지는 목표'가 아니다. 우리는 딱 하루만 행복을 원하는 것이 아니다. 평생 행복을 '유지'하고 싶어한다. 따라서 원하는 것을 항구적으로 유지하려면 일회적인 노력이 아니라 지속적인 노력과 행동이 필요하다. 지속적인 노력과 행동, 하면 무엇이 떠오르는가? 맞다. '습관'이다. 어떤 좋은 생각과 노력, 행동을 오랫동안 수행해 자동화 시스템으로 정착시킨 것, 그것이 곧 당신이다.

작가 옥타비아 버틀러Octavia Butler는 이렇게 말했다.

"영감은 잊어라. 그보다 더 신뢰할 수 있는 것이 있으니까. 바로 '습관'이다. 영감을 얻든 영감을 잃든 간에, 언제나 습관이 우리를 지켜줄 것이다."

동기부여나 영감은 어떤 일을 하고 싶을 때는 효과를 발휘한다. 하지만 성공을 위해서 꼭 필요하지만 정말 하고 싶지 않은 일이 있을 때 가장 위력을 발휘하는 것은 동기부여나 영감이 아니라 습관이다.

컨디션이 저조할 때, 정신적인 압박이 심할 때, 당신을 지켜줄 친구는 습관밖에 없다. 동기부여와 영감은 왔다가 가버리지만 습관은 한결같이 당신 곁을 지켜준다.

습관은 '뚫고 나갈 힘'을 선물한다.

습관은 과학이다

매일 여유로운 환경에서 지낼 수만 있다면 삶에 더 필요한 것이 없을 것이다. 하지만 현실은 그렇지 않다. 매일 우리는 다양한 압박과 스트레스에 눌려 허우적거린다. 끝도 없이 날아드는 세금 고지서, 배우자와의 말다툼, 직장상사와의 갈등, 고객들의 갑질, 사춘기 자녀의 밑도 끝도 없는 반항…

어쩌면 매일 겪는 일이라 당신은 무감각할 수도 있다. 하지만 절대 무감각한 것이 아니다. 당신의 뇌는 이런 상태를 '위협'으로 취급한다. 위협이 출현하면 뇌는 곧장 스위치를 켜 '사고 상태'에서 벗어나 '자동 반사 상태'에 돌입한다. 이를 통해 우리는 위협 상황에 대해 자동 반응을 보인다. 초콜릿을 먹는다거나 손톱을 깨문다거나 담배를 피워문다. 별 것도 아닌 동료의 말에 예민하게 반응하고 화장실에 들어가 위스키를 몇 모금 마신다. 도로에서 끼어드는 차량을 향해 욕설을 날리고 옥상에서 뛰어내리는 것도 고려한다.

이 모든 것이 '습관'에서 비롯된 반응이다. 압박 상황에서 뇌가 자동반사 상태에 돌입했을 때 올바른 습관을 갖고 있지 않은 사람은? 우울증과 좌절감, 두려움을 분출한다. 이는 만성적인 불안과 심장병, 불면증, 비만, 소화불량, 기억력과 집중력 상실로 이어진다.

반면에 평소 당신의 습관에 자신감, 열정, 회복력, 힘, 평화 등이 들어 있다면 압박 상황에서 당신의 뇌는 그런 감정에 반응할 것이다.

행복감을 만들어내는 도파민의 경로는 '대뇌 기저핵basal ganglia'의 가동을 통제한다. 기저핵은 뇌의 '기저부' 혹은 바닥 부근에 있다. 기저핵은 다양한 인지, 감정, 운동에 관련된 기능에 관여하는 동시에 뇌에서 폭넓은 역할을 한다.

뇌는 경험의 결과에 따라 변화하고 적응할 수 있다. 이를 '뇌가소성brain plasticity' 혹은 '신경가소성neuroplasticity'이라고 부른다. 뉴런은 뇌와 신경계의 구성 요소다. 신경가소성은 이것들이 다시 연결되고 새로운 경로를 개발하며 새로운 연결점을 만든다는 것을 의미한다.

대뇌 기저핵이 신경가소성에 관여하는 것이 바로 '새로운 습관'이 만들어지는 방법이다. 신경가소성은 새로운 것을 학습하도록 해주고, 기존의 인지능력을 향상시켜준다. 뇌졸중이나 충격적 뇌 손상에서 회복시켜주고, 사라졌거나 감퇴하고 있는 몇몇 뇌 기능을 강화해준다.

이제 이런 과학을 새로운 습관을 개발하는 방법에 적용해보자.

유발 인자, 행동, 보상

목표는 도파민을 분비하는 데 초점을 맞추는 것이다. 아드레날린과 코르티솔을 분비하는 인지된 위협을 최소화하는 새로운 습관을 만드는 것이다.

감정을 재구성하면 습관도 재구성할 수 있다. 생각하는 방식을 조절하고 긍정적인 습관을 개발하면 우리는 삶의 모든 영역에서 비약적인 발전을 이룰 수 있다.

새로운 습관을 만들 때는 유발 인자, 행동, 보상의 3단계 과정을 거친다.

유발 인자

새로운 습관을 만드는 열쇠는 의도적인 생각과 반복이다. 이를 위해 가장 먼저 해야 할 일은 특정한 목표에 도달하는 데 필요한 습관 목록을 만드는 것이다. 목록은 구체적일수록 좋다.

다양한 질문을 던져라.

건강이 목표라면 이를 위해 개발해야 할 습관은 무엇인가? 이 목표를 달성하는 데 어떤 유형의 운동과 식사, 단백질 섭취, 위생 습관이 필요한가?

그런 다음 목표 달성에 별 도움이 되지 않을 것 같은 습관 목록도 만든다.

압박을 받을 때 나는 어떤 감정에 강렬히 휩싸이는가? 스트레스가 솟구칠 때 내가 나타내는 가장 대표적인 반응은 무엇인가? 초조할 때, 화가 날 때, 무서울 때, 긴장할 때 나는 어떤 반응을 보이는가? 왜 나는 습관적으로 자신감을 잃는가?

이 같은 질문들에 대해 천천히, 그리고 구체적인 답을 작성해나가면서 마지막으로 스스로에게 물어보라.

'내가 스트레스를 받을 때 더 나은 결과를 얻으려면 부정적인 감정으로 나를 채우는 것이 좋을까? 아니면 평온과 침착, 집중 같은 좀 더 긍정적인 감정으로 채우는 것이 좋을까?'

이처럼 질문과 목록 작성을 통해 부정적인 반응을 사전에 대비하면 목표 달성에 큰 도움을 얻게 된다.

'저 친구는 어떻게 저런 상황에서도 미소를 잃지 않지?'
'아니 지금 이게 말이 돼? 저 사람은 어떻게 저렇게 침착할 수
가 있단 말인가!'

이런 생각을 많이 해봤을 것이다. 그는 정신 나간 사람이 아니다. 평소에 심한 압박 상태에서도 미소와 침착함을 잃지 않는 연습을 충분히 했기 때문에, 그의 뇌가 그런 상황에서 그런 반응을 개시한 것이다.

목표로 가는 과정에서 필연적으로 맞닥뜨리게 될 많은 부정적 상황에서도 행복감을 뿜어내는 도파민을 분비해낼 수 있는 것, 그것이 곧

'새로운 습관'이다.

행동

9회말 투아웃 만루 상황에서 팬들의 엄청난 함성을 받으며 당신은 타석에 들어선다. 홈런을 치면 역전승을 거둘 수 있다.

이때 당신이 좋은 습관을 가진 타자라면 이 천금 같은 기회가 당신을 찾아왔다는 사실에 짜릿한 쾌감을 느끼면서 집중력을 총동원할 것이다. 하지만 당신이 이런 타석에 절대 서지 않게 해달라고 매일 기도했던 타자라면? 당신에게는 어떤 기회도 찾아가지 않을 것이다.

최고의 집중력이 필요한 상황에서 당신이 나타내는 반응과 행동이 성공을 결정한다. 평소의 행동 습관이 결정적인 순간, 경기력을 결정한다. 역전 만루홈런은 행운과 우연이 만드는 것이 아니다. 성공에는 '신데렐라'가 존재하지 않는다.

또 다른 경우를 생각해보자.

어떤 일을 할 때 당신은 필연적으로 슬럼프에 빠진다. 골퍼라면 쉬운 퍼팅 기회를 자주 놓치고, 농구선수라면 자유투를 하는 데 갑작스럽게 어려움을 겪는다. 또 만일 영업사원이라면 계약 기회를 연속해서 열두 번이나 날렸을 수도 있다.

이 슬럼프를 극복하는 가장 효과적인 방법이 곧 새로운 습관을 들이는 것이다. 이때 새로운 습관은 어떻게 만들어지는가? '새로운 유발 인자'를 통해서다.

10경기 연속 안타를 치지 못했다면 당신이 가장 먼저 해야 할 일은,

그전까지는 타석에 들어설 때마다 홈플레이트를 배트로 한 번 가볍게 두드렸다면 이제 '세 번' 두드려보는 것이다. 스윙을 세 번 하고 타석에 들어섰다면 다섯 번 스윙해보는 것이다. 즉 기존의 유발 인자를 새롭게 바꿔보는 시도다. 그러면 당신의 뇌는 당신의 새로운 행동을 학습하면서 기존과는 다른 습관을 촉발한다.

이런 행동 변경이 사소하고 하찮게 보이는가?

절대 그렇지 않다. 성공하는 사람들은 모두가 이런 방식으로 습관을 고치고 새로운 것으로 대체한다. 그저 의미없이 두세 번 홈플레이트를 두드리라는 것이 아니다. 온 마음을 담아 두드림으로써 뇌에게 새로운 자극을 보내야 한다. 이를 통해 새로운 사고 시스템을 요구해야 한다. '미세한 조정'만으로도 타자는 투수를 바라보는 눈이 새롭게 바뀔 수 있다.

이때 '한 번 더'의 가치가 빛을 발한다. 새로운 습관 경로를 개발하려면 '반복'이 무엇보다 절실하게 요구된다. 끝없이 더 나은 습관을 위한 더 나은 행동을 훈련해야 한다.

어떤 일을 '단 한 번' 수행하는 것이 아니라 '한 번 더' 수행할 때 우리는 새로운 습관을 몸과 마음에 단단히 들일 수 있다. 물론 '한 번 더!' 그 자체도 반복 연습하면 장담하건대 당신의 삶에 최고의 습관이 되어줄 것이다.

마크 트웨인은 이렇게 말했다.

"습관을 순식간에 창밖으로 내던지는 것은 불가능하다. 한 번에 한 계단씩 내려가도록 잘 구슬려야 한다."

214

심리학자들의 연구에 따르면, 한 번 더 의도적으로 생각하고 한 번 더 반복하면 대부분 30일 정도면 새로운 습관을 개발할 수 있다.

다시 한 번 말하지만 습관의 핵심은 '에너지 절약'에 있다. 그렇게 비축한 에너지를 결정적인 곳에 집중할 수 있을 때 승리하는 삶을 살게 된다.

보상

이것은 노력의 결과다. 당신이 새로운 습관을 들이고 목표 달성을 위해 습관을 적절히 이용하면 도파민이 분비된다. 도파민은 당신이 그것을 다시 하기를 원한다고 당신의 뇌에게 말한다. 뇌에서 도파민을 많이 분비할수록 그 행동을 반복하려는 욕망의 강도가 커진다.

보상의 모습은 홈 플레이트를 두드리는 새로운 습관을 들인 후 홈런을 치고 그라운드를 돌 때 팬들의 우레 같은 박수를 받는 것처럼, 성공적인 프레젠테이션을 마친 후 회의실을 빠져나오면서 동료와 나누는 하이파이브처럼 단순하고 즉각적인 것일 수도 있다.

나아가 때로 보상은 행동 그 자체가 될 수도 있다. 홈런일 수도 있고, 성공적인 프레젠테이션일 수도 있다. 데이트를 나가 저녁식사를 할 때 테이블 맞은편 배우자의 얼굴에 떠오른 특별한 표정일 수도 있다. 엄청나게 중요한 일을 마무리한 뒤 와인 한 잔으로 창밖을 내다보며 조용히 긴장을 푸는 순간일 수도 있다.

유발 인자를 재구성하고 행동을 바꾸면 당신의 뇌는 당신이 더 나은 '정렬'을 이루어낸 것에 대해 호의적인 반응을 보인다. 즉 뇌가 당신과 싸우는 대신, 당신에게 보상을 내리는 것이다.

보상이 정말 중요하냐고?

당연하다!

스스로에게 보상을 하면 새로운 유발 인자와 새로운 행동이 더욱 강화된다. 이를 통해 당신은 더 나은 습관이 몸과 마음에 뿌리 내릴 수 있는 기회를 얻는다.

'습관을 충분히 개선해내면 더 많은 보상을 얻는다'는 인식이 강화되면 '한 번 더' 새로운 습관을 들일 때마다 당신은 더 행복해질 것이다. 당신이 의도하는 방식으로 당신의 삶을 더 생산적으로 발전시킬 수 있다.

'한 번 더' 그 자체를 습관으로 만드는 법도 간단하다.

1. 새로운 유발 인자를 만든다.
2. 새로운 행동을 반복 실행한다.
3. 보상을 즐긴다.

현재의 감정을 충분히 살펴라. 그런 다음 의도적으로 새로운 습관을 만들 수 있는 방법을 찾아본다. 동시에 의도적으로 도움이 되지 않는 습관을 끊어버릴 수 있는 방법도 찾아본다.

'당을 충전하기 위해, 에너지를 얻기 위해 초콜릿을 먹는다'고 말하지 마라. '지금 내가 초콜릿을 먹는 것은 도움이 되지 않는 습관의 사주를 받아서야!'라고 외쳐라. 습관을 끊지 못하는 중요한 이유들 중 하나는 '합리화' 때문이다.

'한 번 더'의 습관은 새로운 습관을 찾는 모든 경로의 밑바탕이 되어준다. 의미 있고 긍정적인 '한 번 더'가 반복해서 쌓이면 무서운 위력을 발휘한다.

'한 번 더'의 습관은 우연과 행운을 당신의 삶을 극적으로 바꾸는 기회로 만들어낸다. 좋은 행동을 습관이라는 자동화 시스템으로 만들려면 '한 번 더' 의도적으로 행동하고, '한 번 더' 의도적으로 재구성하고, '한 번 더' 의도적으로 반복해야 한다.

기억하라.

습관을 바꾸지 못하면 어떤 결과도 바꿀 수 없다.

13장

어떻게 최고의 역량을
끌어낼 것인가

전체는 부분의 합보다 더 크다.

_게슈탈트 심리학의 지도 원리

살면서 당신은 한계를 뛰어넘는 힘과 얼마나 자주 접촉하는가? '기대이상의 결과'를 만들어내는 힘 말이다. 그런 힘을 만나면 당신은 꼭 집어 말할 수는 없어도 자신이 특별한 무언가의 일부라고 느낄지도 모른다. 무슨 이유인지는 모르지만 평범한 삶이 어떤 마법의 순간으로 변한다. 아주 사소한 행동이나 생각 하나가 쓰나미 같은 '승수효과multiplier effect'를 유발하는 경우가 우리의 삶에는 분명 존재한다.

팀워크의 놀라운 매직

변화는 자연스러운 것이다. 우리는 종종 변화를 추구한다. 또 어떤 때는 변화가 우리를 찾아오기도 한다. 변화를 두려워 마라. 새로운 변화를 받아들이면 매우 놀라운 일이 벌어질 수 있다. 성공하려면 일상의 좋은 루틴을 유지하면서 새로운 변화를 유연하게 받아들이는 삶을 추구해야 한다.

성공을 좌우하는 '인간관계'에서도 마찬가지다. 당신이 맺고 있는 모든 관계 내에는 '팀워크'가 존재한다. 탁월한 팀워크는 탁월한 승수효과를 불러온다. 나쁜 팀워크는 최고의 승수효과를 내고자 하는 당신의 노력을 물거품으로 만들 것이다.

탁월한 팀워크는 어떻게 구축되는가? 올바른 곳에 올바른 사람을 배치하는 것에서 출발한다.

1980년 레이크플래시드 동계 올림픽에 출전한 미국 남자 아이스하키 팀은 팀워크가 승리에 얼마나 중요한지를 잘 보여준다. 당시 허브 브룩스Herb Brooks 감독은 무적의 소련 팀을 꺾고 금메달을 차지하는 기적을 연출했다.

그는 이렇게 말했다.

"나는 최고의 선수를 찾고 있지 않다. 언제나 최적의 선수를 찾고 있을 뿐이다."

브룩스 감독은 슈퍼스타가 아니라 '슈퍼 팀'을 원했고, 마침내 최고의 자리에 올랐다. 최고의 기량을 갖췄지만 팀워크에는 맞지 않는 사람이 있다면, 당신은 그를 당신의 팀에서 방출해야 한다. 한 개인이 얻을 수 있는 성취에는 한계가 있다. 이 한계를 뛰어넘어 위대한 성취를 얻으려면 여럿이 함께 모여 최고의 팀워크를 구축해야 한다. 이것이 곧 삶이 마법으로 바뀌는 순간이다.

훌륭한 팀워크는 팀원 각자가 개인적인 목표를 추구할 수 있도록 권장한다. 동시에 팀 전체에 대한 상호 신뢰와 존경, 충성심을 요구한다. 훌륭한 팀워크의 핵심은 어려움은 나누어 극복하고, 승리의 기쁨은 배가시키는 데 있다. 숫자와 목표를 공유함으로써 각 팀원이 얻은 성취의 합보다 더 큰 성취를 얻는다.

당신은 분명 재능이 많은 사람일 것이다. 그 재능을 인정받아 이미 많은 승리를 경험했을 것이다. 하지만 당신이 더 위대한 성공과 장기적인 비전을 추구하고 있다면, 이렇게 스스로에게 질문해야 한다.

'지금 나는 헌신하는 조직을 갖고 있는가? 그 조직이 나의 헌신을 통해 승수효과를 얻고 있는가?'

이 질문에 대한 답이 '예스!'라면 당신은 한계를 뛰어넘는 놀라운 힘을 더 자주 만나게 될 것이다. 답이 '예스!'가 아니라면 먼저 당신의 재능과 헌신을 꽃 피울 팀을 찾아내야 한다. 당신과 만나 최고의 승수효과를 만끽할 사람들을 찾아내야 한다. 한계는 함께 돌파하는 것이다.

재능을 가진 사람, 실력을 갖춘 사람이 훌륭한 팀을 만나면 무서운 결과가 만들어진다. 아직 그런 팀을 찾지 못했다면 '한 번 더' 찾아내라. '한 번 더' 생각하고 실행하는 사람들을 팀으로 받아들여라. 그러면 언제나 기대 이상의 결과를 얻을 것이다.

비슷한 것은 늘 비슷한 것을 끌어당긴다.

간단히 생각해보자.

'한 번 더'의 승수효과가 작동할 때는 다음의 결과가 나타난다.

1+1=3

당신은 살면서 종종 이런 생각을 해봤을 것이다.

'아, 나 같은 사람이 한 명만 더 있었으면!'

당신이 당신과 비슷한 재능과 실력을 갖춘 파트너와 팀을 짜면 그 관계의 합은 부분의 합보다 더 커진다. 당신과 같은 인재가 한 명만 더 있으면 당신은 목표를 초과 달성한다. 물론 한 개인도 얼마든지 빛나는 결과를 얻을 수 있다. 하지만 그 결과가 아무리 밝게 빛나도, 최고의 결과는 아닐 것이다. 최고의 승리는 최고의 선수들이 아니라 최적의 선수들이 합쳐졌을 때 얻을 수 있다는 사실을 잊지 마라.

마이클 조던이 슈퍼스타에서 '전설'로 한 단계 더 위대한 선수가 될 수 있었던 것은 동료 스코티 피펜Scottie Pippen이 있었기 때문이다. 스코티 피펜이 없었다면 시카고 불스는 위대한 챔피언이 되지 못했을 것이다. 우리는 최고의 스타가 득실거리는 평범한 팀들을 잘 알고 있다. 조던 역시 피펜이 없었다면 평범한 팀에서 가장 돋보이는 선수 정도의 명성을 얻었을 것이다. 또는 우승을 한 번도 못 한 역사상 가장 불운한 농구 천재로 남았을 것이다.

스티브 잡스도 스티브 워즈니악Steve Wozniak이 없었다면 그토록 위대한 애플Apple을 만들지 못했을 것이다.

'한 번 더'의 습관은 당신의 성공을 한 단계 더 높여줄 수 있는 팀과 사람을 찾아낼 기회를 제공한다. 이 '한 번 더'가 모여 더 큰 승수효과를 만들어낸다. '한 번 더'의 승수효과는 조던에게 피펜뿐 아니라 필 잭슨Phil Jackson이라는 경이로운 감독을 소개해 더 큰 승수효과를 만들어 내게 한다. '한 번 더'의 습관을 통해 당신은 팀원들의 재능과 실력을 재발견할 수 있고, 이를 최적화시켜 더 큰 결과로 만들어낼 수 있다. 나아가 팀원들에게 '헌신'을 끌어낼 수 있다.

'한 번 더'의 습관은 인재를 영입하는 뛰어난 스카우터의 역할도 한다. 인재들 사이에 동지애를 만들어내고, 이 끈끈한 동지애를 바탕으로 서로 치열하게 경쟁함으로써 팀을 더욱 강하게 만들어낸다.

성공에 무엇보다 필요한 변화는 이렇게 만들어진다.

최고의 멀티플라이어, 톰 브래디

NFL 사상 최고의 쿼터백은 톰 브래디Tom Brady다. 1977년에 태어난 그는 2000년에 데뷔해 20년 동안 슈퍼볼에서 6회 우승했다. 그리고 2020년 만년 하위팀이었던 탬파베이 버커니어스에 입단해 팀을 다시 우승으로 이끄는 기적을 연출했다.

브래디가 버커니어스와 2년 동안 5,000만 달러를 받기로 계약했을 때 팬들은 눈살을 찌푸렸다. 2019년 버커니어스는 7승 9패의 저조한 기록을 남겼고, 계약 당시 브래디는 40대 중반에 이른 '한 물 간 왕년의 스타'였기 때문이다. 하지만 버커니어스 경영진은 브래디가 팀에 '승수효과'를 가져다줄 핵심 선수로 생각했다. 그리고 이 생각은 옳았다.

톰 브래디가 다른 슈퍼스타들처럼 모두가 박수 칠 때 그라운드를 떠났다면 미식축구 역사상 가장 위대한 선수가 되지 못했을 것이다. 하지만 그는 다른 선수들이 사라진 경기장에 '한 번 더' 모습을 드러냈고, 빛나는 '한 번 더'의 승수효과를 만들어냈다.

브래디가 합류한 후 버커니어스는 완전히 다른 팀이 되었다.

그는 이렇게 말했다.

"수요일에도, 목요일에도, 금요일에도 남들과 똑같이 훈련하면 일요일에 좋은 경기를 절대 기대할 수 없다. 평균치 이상의 훈련을 해야만 기대 이상의 결과를 얻을 수 있다."

평균치 훈련에서 한 걸음 더 나아가는 것, 그것이 '한 번 더'의 승수효과를 쌓는 유일한 방법이다.

명심하라, '한 번 더'의 승수효과가 새로운 '한 번 더'의 승수효과를 끌어당긴다는 것을.

브래디는 또 이렇게 말했다.

"승리하는 팀의 모습을 자세히 관찰해보라. 그 팀의 선수들은 벤치에서, 경기장에서, 식당에서, 라커룸에서 팀의 승리를 위해 필요한 노력은 무엇이든 한다. 팀의 승리를 위해 깊이 헌신하는 선수가 성공하지 못하는 경우를 나는 보지 못했다."

톰 브래디는 평균치의 평정심, 평균치의 근면함, 평균치의 분별력, 평균치의 승부욕에서 한 걸음 더 나갈 줄 알았다. 이 한 걸음을 모아 최고의 승수효과를 만들어낼 줄 알았다.

언제 받은 슈퍼볼 우승 반지를 가장 좋아하냐는 기자들의 질문에 브래디는 이렇게 답했다.

"다음이요. 다음 우승 때 받을 반지요."

승수효과를 극대화하는 8가지 리더십

팀원들과 '한 번 더'의 승수효과를 누리고 싶다면 다음의 원칙들을 따르도록 하라.

1 더 큰 그림을 통해 이끌어라. '한 번 더' 나무보다 숲을 보게 하는 프로그램을 짜라. 무작정 '팀을 위해 헌신해!'라고 주문하는 것은 꼰대들이나 하는 행동이다. 꼰대를 따를 팀원은 없다. 명확한 프로그램이 요구된다. 톰 브래디의 사례들을 지속 발굴해 더 큰 그림을 보는 습관을 선물하라. 위대한 팀을 만드는 것이 위대한 개인이 되는 가장 빠른 길임을 각성시켜라.

2 더 많은 리더를 키워내라. 경영 석학 톰 피터스Tom Peters는 이렇게 말했다. "리더는 추종자를 만들지 않는다. 리더는 더 많은 리더를 만들어낸다." 모두가 유능한 부하를 원할 때 당신은 '한 번 더' 생각하라. 유능한 부하가 아니라 유능한 리더를 키워야 한다는 것을. 항상 팀원들에게 이렇게 말하는 습관을 길러라. '당신은 언젠가 훌륭한 리더가 될 것입니다. 그래서 하는 말입니다…' 그러면 팀원들은 당신을 존경할 것이다. 나아가 서로를 존경하고 경청할 것이다. 존경과 경청은 탁월한 승수효과를 불러낸다.

3 자율의 틀을 만들어라. 당신의 '한 번 더'가 팀원들의 독립적인 의사

결정을 향할 때 그들은 참여 정신을 강화하고 생산성을 더욱 탄탄하게 유지한다. 과감하게 맡겨라. 그러면 팀에 승수효과를 불러올 팀원들이 새롭게 발견될 것이다. 그들과 함께 최고의 팀으로 나가라.

4 팀원이 가장 잘하는 부분에서 장애물을 제거하고 스타가 되게 하라. 최고의 판매왕이 평범한 보고서를 작성하는 데 너무 많은 시간을 들이는 일은 없는가? 최고의 프로그래머에게 인사정책 프로젝트를 맡기고 있지는 않은가? 숫자에 뛰어난 팀원을 시장조사에 참여시키고 있는가? '한 번 더'의 습관을 가진 팀원들을 전략적으로 그들이 가장 행복해하고 가장 많은 생산성을 올릴 수 있을 만한 부서에 배치하라. 그런 다음에는, 그냥 그들에게 맡겨라.

5 높은 수준의 경쟁을 유도하라. 승수효과는 깊은 헌신과 탁월한 경쟁을 먹고 자란다. 높은 수준의 경쟁을 유도하는 효과적인 방법은 팀장인 당신이 팀원들과 선의의 경쟁을 펼치는 것이다. 당신의 실적 목표를 유쾌하게 공유하라. 당신의 실적 목표는 팀원들에게 좋은 '기준'이 되어준다. 팀원들과의 경쟁에서 이기면 당신의 리더십은 더 강화될 것이고, 팀원들과의 경쟁에서 지면 당신은 최고의 팀을 얻게 될 것이다.

6 팀의 목표를 명확히 하라. 당신이 원하는 것을 명확하게 공유하라. '최고의 팀', '최고의 매출', '최고의 성과'라는 애매하고 상투적인 슬로건을 없애라. '3할 타율을 3할 3푼까지 끌어올린다'가 가장 강력한 동기

부여가 되어준다.

7 열정적인 피드백에 귀 기울여라. 팀원들의 문제 제기를 '한 번 더' 경청하라. 정당한 문제 제기와 비판, 반성을 하는 팀원을 슬그머니 변명하는 팀원과 동일하게 대우해서는 안 된다. 열정적인 피드백이 살아 있는 조직은 반드시 성공한다.

8 적시에 하라. 타이밍을 놓치지 마라. 피드백을 미루지 마라. 이메일, 메모, 짧은 회의실 미팅, 무제한 토론 등을 적절히 활용해 적극적으로 소통하라. 때를 놓치지 않는 소통이 승수효과의 꽃이다.

타인의 추종을 불허하는 압도적인 성공을 하고 싶은가?

'한 번 더' 스스로 멀티플라이어가 될 기회를 찾아라. '한 번 더' 최고의 멀티플라이어가 되어줄 파트너를 찾아라. '한 번 더' 최고의 팀을 만들어 기꺼이 리더가 되어라.

14장

'한 번 더'
어려운 일을 하라

THE POWER OF
ONE MORE

인간의 궁극적인 척도는 안락과 편의의 순간이 아니라,

도전과 논쟁의 와중에 그가 서 있는 곳이다.

_마틴 루터 킹 주니어

편리함과 성공은 공존할 수 없다. 당신이 원하는 성공이 처음부터 끝까지 '불편함inconvienience의 여정'임을 받아들인다면, 당신은 '한 번 더'의 습관을 통해 더 놀라운 결과를 얻게 될 것이다.

불편함은 중요한 목표를 달성할 기회를 잡기 위해 반드시 극복해야 하는 도전이다. 이 불편함은 당신이 석사학위 논문을 작성할 때 새벽 5시에 일어나 7시에 지도 교수와 만날 준비를 하는 것일 수도 있고, 첫 풀코스 마라톤 대회 출전을 위해 발에 물집이 생겨 화끈거림에도 일주일에 120킬로미터를 달리는 것일 수도 있다. 출산하기 전 넉 달 동안 심하게 입덧을 하는 것일 수도 있고 최우수 세일즈맨 상을 타기 위해 주 60시간을 일하는 것일 수도 있다.

불편함의 대가를 치른다고 해서 반드시 성공한다는 보장은 없다. 하지만 불편함을 감수하고 극복할 힘을 기르지 않으면 절대 성공하지 못한다.

어렵고 불편한 것을 먼저 하라

생각해보라.

당신의 삶에서 특별한 축복은 무엇인가?

아마도 그 축복은 뭔가 불편한 것에서 출발했을 가능성이 크다. 만일 당신이 선수권 대회에서 우승을 차지했다면 체지방을 50퍼센트 줄이고 근육을 10킬로그램 늘렸기 때문일 것이다. 연봉이 인상되거나 승진했을 경우도 마찬가지다. 이 목표에 도착하기 위해 당신은 분명 삶의 일정 부분을 기꺼이 희생했을 것이다. 힘들고 괴로운 불편함을 자발적으로 받아들이고 이를 극복한 사람에게 신은 특별한 축복을 그 보상으로 베풀게 마련이다.

모든 놀라운 성과의 반대편에는 불편함이 존재한다. 따라서 만족스럽고 행복한 삶을 원한다면 불편함의 존재를 삶의 한 부분으로 끌어안아야 한다.

질문을 하나 던져보자.

당신은 매일 또는 매주 '해야 할 일'에 관한 목록을 작성하고 있는가? 만일 그렇다면 그 목록을 어떻게 관리하고 있는가?

보통 우리는 쉬운 일부터 시작한다. 때로는 그 쉬운 일을 해냄으로써 축하를 받기도 한다.

그렇다면 그 축하를 즐겨라. 하지만 그것은 당신이 이제 겨우 평범한 수준에 올라섰다는 것에 대한 위로일 뿐이다.

만일 당신이 가장 어렵고 불편한 일로 하루를 시작한다면 어떨까? 먼저 가파른 길을 달리는 사람이 나중에 가파른 길을 만나는 사람보다 더 먼저 결승선에 도착하지 않을까?

평범한 만족과 평범한 자신감이 아니라 강렬한 만족과 넘치는 자신감은 불편한 일을 성취했을 때 얻어진다. 성공으로 가는 기차는 평균적이고 평범한 에너지가 아니라 압도적인, 남들과 차별되는 에너지를 요구한다. 그래서 당신의 '해야 할 일' 목록의 맨 위에는 어렵고 불편한 일들로 채워져야 한다.

무리를 하라는 것이 아니다. 평균이 아니라 '평균 이상'을 즐기라는 것이다.

쉬운 일도 어려운 일도 처음에는 똑같이 힘이 든다. 하지만 일정한 시간이 지나면 어려운 일도 쉬운 일도 똑같은 무게의 습관이 된다.

어렵고 불편한 일을 할 때 우리는 우리 자신에 대해 더 정확하게 알게 된다.

내가 어떤 능력을 갖고 있는지, 어떤 지점이 한계점인지, 어떤 지점이 임계점인지 정확하게 알게 되면 성공으로 가는 프로젝트는 더욱 정교해진다. 쉬운 일만 선호하면 당신은 죽을 때까지 당신이 어떤 잠재력을 갖고 있는지 모른다.

'한 번 더' 기꺼이 불편한 일을 먼저 하라. 이것이 습관이 되면 경이로운 하이퍼포머가 될 것이다.

기꺼이 논란에 휩싸여라

괜찮은 일이 아니라 대단한 일을 하기로 결정하는 순간 당신은 반드시 크고 작은 '논란'에 빠질 것이다. 논란은 불편하고, 불편은 성가시다.

물이 흐르는 것처럼 순리대로 살기를 원하는 사람, 긴장감 없이 하루를 시작하고 싶은 사람, 세상에 무관심한 사람은 어떤 비난도 받지 않는다. 어떤 불편한 일도 생기지 않는다. 동시에 어떤 대단하고 놀라운 성과도 얻지 못한다.

CEO이든 팀장이든 가장이든 간에 당신이 리더라면, 당신의 사람들이 불편한 일을 적극적으로 할 수 있도록 끊임없이 자극하고 격려해야 한다. 그래야만 그들이 특별한 목표를 달성할 수 있기 때문이다.

한 번 더, 하루 더, 한 주 더, 한 달 더, 1년 더, 10년 더 불편한 일을 해온 가치가 축적되면 어떤 가능성이 만들어질지 상상해보라. 어렵고 불편한 도전을 즐기는 습관을 들였을 때 당신의 삶이 얼마나 놀랍게 변할지 떠올려보라.

쉬운 일을 하는 사람은 어려운 일을 하는 사람을 질투한다. '잘난 척한다'며 수군거리고 손가락질한다. 회사를 위해서 밤 새워 일하는 사람을 '그래봤자 단물 빠지면 팽당할 것이다!'라고 빈정거린다. 무엇이든 적당히 하는 것이 미덕이라며 불쌍하다는 듯 어려운 일을 하는 사람을 쳐다본다.

당신은 지금 이런 논란에 휩싸여 있는가?

그렇다면 당신은 성공을 향해 올바르게 전진하고 있는 것이다. 아무

논란도 없는 삶을 사는 사람은 세상이 기억하지 않는다.

누구도 흉내 내지 않는, 누구도 흉내 낼 수 없는

편안함은 건강의 적이다. 이상적인 인간관계 또한 절대 편리함에서 나오지 않는다. 부자가 되고 싶다면 은행 계좌에 매월 돈을 맡기는 정도로는 불가능하다. 더 위대한 계좌를 만들어내야 하고, 여기까지 가는 길은 믿을 수 없을 만큼 힘들고 어려울 것이다.

편안한 삶을 살면서 남다른 성공을 원하는 것은 어불성설이다. 편안한 삶은 성공하는 삶과 반드시 갈등을 겪는다. 만일 어떤 일이 순탄하게 이루어진다는 느낌이 들 때는 모든 것을 재점검하고 경계 태세를 강화하라. 자신도 모르는 사이 뭔가 느슨해졌거나 무관심해졌거나 기계적으로 처리하고 있다는 뜻이기 때문이다.

'인간은 본능적으로 편리한 것을 추구한다'는 말을 신뢰하지 마라. '대부분'이라는 수식어가 '인간은' 앞에 빠져 있기 때문이다. 모두가 케이블 카를 탈 때 자발적으로 암벽을 오르는 사람이 있다. 원하는 지점에 도달했을 때 만세를 부르기보다는 잠시 땀을 닦고 더 높은 곳을 바라보는 사람이 있다. 세상은 이런 소수의 사람과, 그들을 질투하는 사람으로 채워져 있다. 편리함을 추구하는 사람의 책장은 어렵고 험한 길을 걸어 마침내 정상에 오른 사람들의 이야기들로 가득 차 있다는 사실이 이를 증명한다. 불편함을 극복하고 목표에 오른 사람들의 책을 읽는 데서 그치면 안 된다. 그러면 다른 사람의 성공을 '흉내 내는' 수준의 삶을 살 뿐이다. 다른 사람을 흉내 내는 것이 편안한 행동이기 때문이다.

누구도 흉내 내지 않는 삶을 살아야 한다. 그리고 누구도 흉내 낼 수 없는 삶을 살아야 한다. 우리가 책과 드라마, 영화를 통해 타인의 삶에서 영감과 지식, 통찰을 얻는 이유는 간단하다. 우리 자신의 불편하고 어려운 여정에 유용한 힘과 도구를 얻기 위해서다.

편하게 일하고자 하는 오래된 습관과 싸워라. 이를 '결과 중심'의 습관으로 대체하라. 결과를 중시하는 사람은 과정의 불편함을 기꺼이 극복한다. 결과를 중시하는 사람은 모든 일에는 '끝이 있다'는 사실을 명확히 인식하기 때문에 불편함을 기꺼이 감수한다. 편안함은 늘 타협의 결과일 뿐이다. 더 놀랍고 진정한 삶으로 이끄는 성과는 타협이 아니라 투쟁의 결과라는 사실을 명심하라.

작가 무라카미 하루키Murakami Haruki는 이렇게 말했다.

"당신이 지금 하고 있는 일은 사랑의 행위여야지, 편의와의 결혼이어서는 안 된다."

편안함을 사랑하는 것은 삶에 별다른 감흥을 남기지 못한다. 불편함을 사랑할 때 삶은 더 높은 수준을 향한 질주를 시작한다.

문젯거리와 도전 과제의 차이

지금 공격적이고 도전적인 일을 하고 있는가? 그건 당신이 뭔가 특별한 일을 하고 있다는 신호일 수 있다. 어쩌면 일생에 한 번 있을까 말까

한 일일 수도 있다. 농담이 아니다. 일생일대의 기회는 갑자기 찾아온다. 인생의 황혼에나 가서야 발견되는 것이 아니다.

《내가 정말 알아야 할 모든 것은 유치원에서 배웠다》를 쓴 로버트 풀검Robert Fulghum은 이렇게 말했다.

"인생은 혹투성이다. 오트밀에 있는 혹과 목에 있는 혹, 가슴에 있는 혹은 같은 것이 아니다. 현명한 삶을 원한다면 그 차이를 반드시 알아야 한다."

먼저 불편함과 '문젯거리problem'의 차이를 인식하는 법을 배워야 한다. 불편함은 해결해야 할 문젯거리가 아니라 도전해야 할 과제다.

억만장자에게 물어보라.

'당신은 얼마나 편하게 부자가 되었습니까?'

그는 박장대소할 것이다. 그가 어떤 불편함을 감수했을지 상상조차 못할 것이다. 금요일 밤 모두가 파티를 즐기는 동안 혼자서 사무실을 지키는 일이 생각만큼 어렵지는 않겠는가? 천만에 말씀이다. 이는 평범한 사람은 상상도 못할 도전 과제다.

죽어라 일하는데 돈은 줄줄 새고 있는가? 새로운 고객을 찾기 위해 하루 종일 발품을 파느라 녹초가 될 지경인가? 당신보다 별로 뛰어나지도 않은 것 같은 사람이 당신보다 먼저 승진한 것에는 뭔가 어두운 사내정치가 숨어 있는 것 같은가?

그렇게 느끼고 있다면 당신은 성공하는 사람의 발꿈치도 쫓아가지 못한다. 오랫동안 성공하는 사람이 되기 위해 치러야 할 싸움과 도전을 전혀 경험해보지 않은 것이다.

당신이 누군가에게 체중을 20킬로그램, 30킬로그램, 40킬로그램 혹은 그 이상 빼는 것이 그렇게 어려운 일은 아니지 않냐고 물으면, 그들의 주먹이 안면을 강타하는 경험을 하게 될 것이다. 많은 사람이 만족하지 못하는 몸매를 계속 유지하는 데는 이유가 있다. 체중 감량은 명백한 이점이 있음에도 불구하고 '불편한 도전'이기 때문이다. 당신은, 전에 운동해 본 적이 없어서 몸이 아프고 근육이 쑤시는 날 아침에 일어나 헬스장에 가는 것이 불편하다고 생각하는가? 좋아하지만 몸에는 나쁜 음식에 대한 식욕에 맞서 싸우는 것은 어떨까? 대다수 사람들은 와퍼나 빅맥이 주는 속도와 편의성, 맛의 유혹과 맞서 싸울 기회가 없었다. 탄산음료에 중독되었다면 하루에 1리터의 물을 마시는 것조차 믿을 수 없을 정도로 불편할 것이다.

그렇다. 핵심은 불편함이 도전적 과제라는 것이다.

불편함은 결코 쉽지 않다. 하지만 장기적인 관점에서 볼 때는 편리함이 훨씬 나쁘다. 불편함이 아니라 편리함이 해결해야 할 문젯거리다.

편리함은 또 오래 가지 못한다.

불편한 일에 도전하지 않으면 우리가 가진 것은 조만간 사라질 것이다. 하나도 남김없이 빼앗길 수도 있다. 맥 빠지고 무기력하게 행동하면 지금 수준의 삶조차 망칠 수 있다. '이제 그만!'이라고 외치는 운명에 순응하면 순응할수록 우주는 당신을 더 낮고, 진짜 불편한 세계로 데려다 놓을 것이다. 이 같은 상황이 개선된 드라마틱한 사례를 나는 단 하나도 알지 못한다.

'한 번 더' 생각하고 '한 번 더' 실행하는 것은 그 자체로 힘들고 불편한 일이다. '한 번 더'의 습관을 가진 사람들은 경쟁자들이 하지 않는 불편한 일을 찾아내 적극적으로 공격한다. 거기에 인생을 바꿀 만한 기회가 존재한다는 것을 잘 알기 때문이다.

편안함을 추구하는 삶은 시간을 낭비하는 삶과 같다. 시간 낭비는 우리가 인생에 대해 저지를 수 있는 가장 치명적인 실패다.

불편한 관계를 모색하라

인간관계에서도 마찬가지다.

'불편함'은 좋은 관계를 탄탄하게 지지해준다. 내가 편안하고 순탄할 때만 작동되는 관계는 삶에 도움이 전혀 되지 않는다. 내가 곤란을 겪을 때, 도움이 절실하게 필요할 때 나타나주는 사람이 진짜 '내 사람'이다. 여유가 있을 때 당신과 이야기하는 데 시간을 쓰는 사람과 당신과 이야기하기 위해 시간을 내주는 사람을 반드시 구분할 줄 알아야 한다.

천천히 생각해보라.

당신에게 불편한 진실을 털어놓을 줄 알았던 친구, 연인, 직장 동료들이 있었는가? 그들은 분명 당신 삶에 유용한 도움과 조언을 주었을 것이다. 당신이 너무 힘들고 괴로워 지금 당장 그만두고 싶을 때 당신에게 '한 번 더!'를 외쳐준 사람이 있었는가? 그는 분명 당신이 원하는 성공을 얻는 데 가장 필요한 파트너였을 것이다.

즐거운 파티에서 밤을 새워 축배를 들었던 사람들 중 당신의 삶에 강렬한 기억과 잊지 못할 감동을 선물한 사람이 있었는가? 그런 파티가 있었는지, 그 파티에 누가 참석했었는지도 가물가물하지 않은가? 즐거움과 편안함은 순식간에 아무것도 남기지 않은 채 깡그리 사라진다. 아마도 지금 당신의 기억 속에 뚜렷하게 남아 있는 사람들은 당신에게 불편한 진실과 쓴소리를 아끼지 않은 사람들일 것이다.

불편한 관계를 모색하라.

쓴소리와 진실을 즐기는 사람이 되어라. 쓴소리와 진실을 가감없이 전달하는 사람이 되어라. 진정한 즐거움과 기쁨과 편안함은 불편함의 절정에서 탄생한다는 사실을 기억하라.

침착하게 기뻐하고 침착하게 슬퍼하라

하이퍼포머들은 불편한 것을 추구하며 '침착함'과 '평정심'으로 그 불편함을 상대한다. 어려운 상황 속에서도 정신적인 안정과 평온, 냉철한 통제력을 얻을 수 있는 사람의 사전에 '불가능'이라는 단어는 존재하지 않는다.

동기부여 전문가 켄 블랜처드Ken Blanchard는 이렇게 말했다.

"관심과 헌신에는 차이가 있다. 당신이 어떤 일에 관심이 있을 때는, 상황이 순탄할 때만 그 일을 한다. 반면에 어떤 일에 헌신할 때는, 오직 결과만 받아들일 뿐 그 어떤 변명도 스스로에게 용납하지 않는다."

결과에 집중한다는 것은 '평정심'을 실천한다는 뜻이다. 오직 좋은 결과만을 받아들이기 때문에 경로 이탈이나 낮은 수준의 성과는 배제된다. 오롯이 결과에 집중하면 냉정함과 침착함을 유지할 수 있다. 가야 할 길이 분명하게 보이기 때문이다.

불편한 일을 할 때 평정심은 필수다. 침착성이 떨어지면 결국 탈진해 버리고 만다. 평정심이 부재하면 불편한 노력을 지속할 수 없고 한 단계 높은 수준으로 도약할 수도 없다. 평정심은 성공하는 사람의 가장 값비싼 자산이다.

침착한 기질을 타고났지만 성공하지 못한 사람들도 많다. 그들은 분명 타인보다 더 단단한 평정심을 갖고 있다. 그럼에도 그들이 평범한 삶을 사는 이유는 어려운 일을 시도하지 않기 때문이다.

이와는 반대로 모두가 부러워할 만한 성공을 거두었음에도 불행의 늪에서 빠져나오지 못하는 사람들이 있다. 각고의 노력 끝에 놀라운 성과를 기록했지만 그것을 유지할 만한 평정심을 갖추지 못해 곧바로 삶의 나락으로 추락해버렸기 때문이다. 평정심과 어렵고 불편한 일, 이 두 가지를 모두 갖고 있을 때 비로소 진정한 성공을 얻게 된다.

나는 늘 사람들에게 조언한다.

"침착하게 기뻐하고 침착하게 슬퍼하라. 침착하게 즐기고 침착하게 반성하라."

'한 번 더'의 습관은 꼭 해야 하는데 사람들이 하지 않는 일, 절대 포기해서는 안 되는 일인데 사람들이 멈춰 서 있는 일을 찾아내 이를 '기회'로 만들어주는 역할을 한다.

'한 번 더' 어렵고 힘든 일을 하고, '한 번 더' 침착하라.

15장

당신의 '한 번 더'가
당신의 천 마디를 이긴다

THE POWER OF
ONE MORE

위로 오르고 싶다면, 다른 사람을 올려라.

_부커 워싱턴

'한 번 더'의 습관을 가진 리더는 사람들이 스스로 할 수 없다고 생각하는 일을 해내도록 돕는다. 사람들이 미처 생각하지 못한 것들을 일깨워주고, 가치를 재발견하게 해주고, 통념과 편견에서 벗어나 한 단계 더 오를 수 있도록 안내한다.

당신이 알든 모르든, 당신은 이미 리더다. 적어도 당신 자신을 이끌고 있기 때문이다. 당신은 신앙 모임을 주도할 수도 있고 회사 동료, 가족, 팀원들을 지도할 수도 있다.

그렇다면 동서고금을 막론하고 인류 역사를 통틀어 가장 많이 탐구되었던 질문을 검토해보자.

'어떻게 하면 타인을 더 잘 이끌 수 있을까?'

타고난 리더도 물론 존재한다. 하지만 성공하는 리더는 대부분 후천적인 학습과 기회를 통해 탄생한다. 노력할 의지와 열정만 갖고 있으면 누구나 뛰어난 리더가 될 수 있다.

'나는 리더가 될 그릇이 아니야.'
'나는 성격상 리더가 아니라 리더를 보좌하는 일에 잘 맞아.'
'리더는 늘 외로운 법이지. 난 외로운 건 질색이야.'

절대 이런 생각을 하지 마라. 싫든 좋든, 당신은 무조건 리더가 된다. 리더가 되지 않으면 당신이 원하는 성공에 한 걸음도 다가서지 못한다. 리더십은 선택이 아니라 필수다. 리더가 되고 싶지 않다면 이 책을 한 장도 읽을 필요가 없다.

큰 꿈을 알려주어라

최고의 리더가 되려면 사람들에게 '큰 꿈'을 심어주어야 한다. 사람들이 상상할 수 있는 것보다 훨씬 더 큰 꿈을 심어주면, 그들은 뭔가 가슴이 벅차오르면서 자기 내면에 숨어 있던 '소명 의식'을 소환한다.

당신이 팀장이라면 먼저 회사 내 존재하는 '최고의 팀' 역사를 설명한다. 그리고 역대 최고의 매출을 올리는 팀이 되자고 격려한다. 사람들에게 그들이 어떤 역사적인 일에 참여한다는 느낌을 주면, 그들의 생산성과 자발성, 충성심은 놀라울 정도로 확장된다.

나아가 지금부터 만들어갈 새로운 역사가 거기에 참여하는 사람들의 삶을 송두리째 바꿔놓을 수 있다는 사실을 강렬하게 사람들에게 주입한다. 뭔가 대단하고 엄청나게 의미 있는 일을 하고 있다는 느낌을 주어라.

무엇보다 '다른 사람은 하지 못하는 일에 지금 내가 참여하고 있어!'라는 느낌을 주어라. 이것만으로도 당신은 역대 최고의 팀장으로 평가받을 수 있다.

잊지 마라.

지금 막 시작되고 있는 이 프로젝트에 '역사를 만드는 일에 대한 담대한 도전'이라는 부제를 달아야 한다는 것을. 그리고 더 큰 틀에서 참여자들의 소명 의식을 소환해야 한다는 것을.

프로야구 감독들의 인터뷰를 듣다 보면 실소와 감탄이 번갈아 교차한다.

목표가 무엇이냐는 기자의 질문에 늘 우승후보로 꼽히는 팀의 감독이 겸손하게 답한다.

"일단 가을야구 진출입니다."

그런데 만년 하위권을 면치 못하는 팀에 새롭게 영입된 또 다른 감독은 이렇게 답한다.

"월드시리즈 우승입니다."

꼴찌팀 감독의 목표가 월드시리즈 챔피언이라는 사실에 당신은 실소가 나오는가, 감탄이 나오는가?

그렇다. 역사를 새롭게 쓰는 프로젝트 참여자들을 지켜보는 사람들은 감탄보다 실소를 더 많이 터뜨릴 것이다. 그러면 프로젝트 참여자들은 흔들릴 수도 있다. 이때 필요한 것이 곧 당신의 리더십이다.

'한 번 더'의 습관을 갖춘 리더인 당신은 사람들이 비웃고 빈정거리고 실소를 머금는 것은 '어이가 없는 일을 그들이 하고 있어서'가 아니라는 사실을 일깨워줘야 한다. 비웃음과 실소는 상대가 너무 터무니없어서가 아니라, 상대가 정말 그 터무니없어 보이는 목표를 성취할까 봐 경계하기 위한 제스처라고. 상대가 정말 그 목표를 달성할지도 모른다는 위기감에 비웃음과 실소로써 상대를 흔들어보겠다는 의도인 것이라고.

이처럼 비웃음과 부정적인 평가를 물리칠 수 있는 '다른 시각'을 제공하는 리더가 되어라.

이것이 '한 번 더' 리더십의 핵심이다. 목표로 가는 여정을 방해하는 것들에 대한 '새로운 정의와 관점'을 사람들에게 각인시키면 당신과 당신의 팀은 성공을 향해 전력질주하게 된다.

비웃음, 조소, 냉소, 실소 등이 정말 그런 뜻이냐고?

이 단어들의 사전적 정의는 아무런 의미도 없다. 나아가 정말 중요한 사실을 여기서 하나 더 알려주겠다.

당신이 이끄는 사람들은 당신이 하는 말을 믿을 필요가 없다!

그들은 '당신이 말하는 것을 당신이 믿는다'는 것만 믿으면 된다!

많은 사람들이 좋은 리더가 되는 데 실패하는 이유는 자신의 말을 끊임없이 사람들에게 믿으라고 종용하기 때문이다. 좋은 리더는 자신의 말을 자신이 굳게 믿는다는 사실을 먼저 사람들에게 보여준다. 말이 아니라 믿음을 보여줄 때 사람들은 마음을 연다.

달란트를 발견하라

모든 사람에게는 저마다 고유한 재능이 있다. 그 중 일부는 타고나는 것이고 대부분은 스스로 개발해낸 것이다.

'한 번 더'의 습관을 갖춘 리더는 사람들이 자신이 갖고 있는지조차 모르는 재능과 가능성을 발견해내는 일을 더 쉽게 한다. 그런 다음 모두에게 천편일률적인 리더십을 보여주는 것을 대신해 각자의 고유한 재능에 걸맞은 그 사람만의 성장 과정을 제안한다.

어떤 사람은 남다른 유머 감각을 갖고 있다. 어떤 사람은 호기심이 타의 추종을 불허한다. 어떤 사람은 바닥을 치고 올라오는 속도가 정말 빠르다. 어떤 사람은 친절하다. 어떤 사람은 충성심이 그 누구보다 높다.

이 같은 다양한 재능을 당신이 심어주는 큰 꿈과 연결할 수 있다면 당신의 팀은 정말 놀라운 결과를 얻게 될 것이다. 각각의 재능을 꼼꼼하게 파악하고 있으면, 그들을 큰 꿈의 설계도 안에서 가장 최적한 위치에 배치하는 데 커다란 도움을 얻게 될 것이다.

독보적인 성공을 얻은 사람들의 인터뷰를 잘 들여다보면 다음과 같은 고백을 종종 만나게 된다.

'오늘날 저를 있게 해준 분이 계십니다. 바로 초등학교 5학년 때 담임을 맡아주신 선생님입니다.'

아마도 그 선생님은 어린 제자가 갖고 있는 성공의 위대한 달란트를 가장 먼저 발견해 일깨워준 '한 번 더'의 습관을 갖춘 지혜로운 리더였을 것이다.

재능은 우주가 우리에게 준 독특한 선물이다. 좋은 리더는 사람들이 자신에 대해 갖고 있는 의심과 회의를 해결해주는 일을 한다. 이를 통해 자신에 대한 진실과 마주하게 이끌어간다. 그들 자신이 갖고 있는 진실한 달란트를 탁월한 성공을 향한 에너지로 활용할 수 있게 한다.

'한 번 더' 숙고해야 할 6가지 욕구

나의 오랜 친구이자 세계적인 자기계발 전문가 토니 로빈스Tony Robbins는 이렇게 말했다.

"누군가가 무엇을 원하는지, 무엇을 필요로 하는지, 무엇을 두려워하는지를 더 많이 이해할수록 가치를 더하는 방법을 알아낼 수 있다."

토니와 나는 인간에게 6가지 기본 욕구가 있다는 생각에 동의한다.

그것은 다음과 같다.

- 확실성
- 불확실성과 다양성
- 중요성
- 사랑과 결합
- 성장
- 기여

이런 특징은 흔히 행복의 수준을 찾는 관점에서 논의된다. 하지만 나는 우리가 다른 사람들을 이끌 때, 이 기본 욕구들을 어떻게 활용하는 지에 관한 맥락에서 접근하고 싶다. 우리의 목표는 우리가 이끄는 사람들을 위해 이런 욕구를 충족하는 방법을 알아내는 것이기도 하다.

사람은 누구나 이 기본 욕구들이 모두 충족되는 이상적인 바람을 갖고 있다. 하지만 현실적으로는 특정 시기에 자신에게 가장 중요한 두세 가지에 집중하는 경향을 나타낸다.

각각의 욕구를 좀 더 자세하게 들여다보자.

1 확실성. 확실성을 갈망하는 사람들은 규칙적인 일상을 중시한다. 변화를 두려워하며, 이를 불안, 위협, 고통과 동일시한다. 이런 사람들에게는 무엇보다 '안전'을 제공해야 한다. 지금 참여하고 있는 프로젝트가 결코 무모한 도전이나 모험적인 도박이 아니라는 사실을 무엇보다 먼저 제공해야 한다. 프로젝트가 빠르게 본 궤도에 진입해 더 빠른 속도로 진행될 때 리더인 당신은 확실성을 중시하는 사람들의 말을 반드시 경청해야 한다. 그러면 그들은 당신의 탁월한 협력자가 되어줄 것이다.

2 불확실성과 다양성. 이들은 미지의 대상과 변화에 자극을 받는다. 매일 틀에 박힌 일상 속에서 어제와 똑같은 일을 하는 것을 끔찍하게 두려워한다. 늘 새롭고 가슴이 뛰는 흥미로운 일을 갈구한다. 따라서 당신은 이런 성향의 사람들을 프로젝트의 전위에 위치시켜야 한다. 그들에게 길을 찾아내는 눈 밝은 길라잡이 역할을 맡기면 프로젝트가 활기에 넘친다.

3 중요성. 중요성을 추구하는 사람은 자신의 노력이 가치가 있다는 사실을 지속적으로 확인하고 싶어한다. 그들은 인정받기를 원하며 이는 종종 돈보다 더 중요하게 여겨진다. 그들은 주목받는 것을 좋아한다. 자신의 노력에 대해 엄청난 보상이 주어진다는 사실을 당신이 틈틈이 확인시켜주면 더욱 열심히 일할 것이다. 중요성을 추구하는 사람들에게는 아낌없이 '인정'을 베풀어라.

4 사랑과 결합. 사랑은 모든 감정 중에 가장 강렬하다. 사람은 누구나 특별한 인연을 맺고 싶어하고 따뜻하고 친근한 관계를 열망한다. 지금껏 알려진 문학과 음악, 예술 분야의 최고 걸작들은 대부분 '사랑'에 관한 것이다. 하다못해 전쟁 또한 강렬한 애국심에 의해 치러지지 않던가! 사랑과 인연에 끌리는 사람은 자기 자신보다 더 큰 대의에 속하기를 원한다. 그러니까 당신은 이런 사람들에게 당신의 큰 꿈 안에 소속되어 있다는 사실을 주기적으로 확인시켜주면 그들의 마음을 얻을 수 있다. 그들에게는 수용되고, 보호받고, 사랑받고 있다는 느낌을 충분히 제공할 필요가 있다. 언제나 '한 번 더' 확인시켜주면 된다. 그들에게 확실성이나 다양성, 중요성에 가치를 둔 메시지를 보내는 것은 적절치 않다. 그들에게는 구체적인 지시사항이나 점검 리스트를 보내지 마라. 그 대신 따뜻한 격려, 변함없는 응원, 다정한 말 한 마디가 그들의 잠재력을 최대한 끌어낸다는 사실을 기억하라.

5 성장. 어떤 사람들은 정신력과 기술, 경험을 키우는 데 높은 가치를

둔다. 그들이 가장 원하는 것은 '꾸준한 성장'이다. 착실하게 성장하고 있다는 느낌이 곧 그들의 최고 에너지원이다. 그들은 점점 중요하고 복잡해지는 문제를 해결해야 한다는 과제를 받을 때 몹시 가슴이 뛴다. 그들에게는 이렇게 말하면 충분하다. '좋아! 갈수록 좋아지고 있어!' 좋은 리더는 정교하고 세련된 피드백이 만드는 것이 아니다. 단 한 마디를 하더라도 적재적소에 정확히 제공하는 것이 최고의 리더를 만드는 피드백이다.

6 기여. 기여 욕구에 끌리는 사람들은 대의나 목표를 지원하기 위해 자신의 서비스 혹은 전문 지식을 이용해 남들을 도울 때 자신이 최고라는 느낌을 받는다. 그들은 인정받는 것에 대해서는 무관심하다. 확실성이나 중요성, 불확실성에 대해서도 관심이 별로 없다. 그들은 자신들이 얼마나 필요한 존재인지만 알면 높은 자부심과 성취감을 맛본다. 다음의 간단한 메시지 하나면 당신은 그들의 마음을 활짝 열 수 있다. '그거 알아? 당신은 정말 우리 팀에 없어서는 안 될 존재라는 거!'

어떤 선장이 될 것인가

탁월한 리더는 시간이 흐르는 동안 사람들의 욕구가 얼마든지 변할 수 있다는 사실을 잘 알고 있다. 젊은 시절 나는 경쟁력, 외부의 인정, 성장 욕구 등이 가장 중요했다. 그런데 나이가 들면서 처음에 간절했던 욕구들이 충분하게 해소되자 점점 내 욕구는 진화해나갔다. 확실성과 다양성, 사랑의 축복을 충분히 경험한 현재의 나를 당신이 이끌고자 한다면, 당신은 '기여'라는 기본 욕구를 나와 연결시켜야 할 것이다.

15년 전에 당신이 내게 당신의 회사를 위해 강연해달라고 요청하고 싶었다면, 당신은 사람들이 정말 나를 좋아하고, 나의 한 마디 한 마디에 환호의 박수를 보낼 것이며, 강연 후에는 사인을 받기 위해 구름처럼 몰려들 것이라고 말해주어야 했을 것이다. 왜냐하면 그때 나는 사회적인 인정에 큰 비중을 두고 있었기 때문이다.

하지만 지금 당신이 그와 같은 방식으로 나를 강연에 나서게 할 생각이라면, 결코 나를 자극하지 못할 것이다. 당신이 메시지의 방식을 바꿔 다음과 같이 내게 전한다면 나는 기꺼이 수락할 것이다.

'당신의 말 한 마디 한 마디가 우리 팀원들의 삶을 바꿔놓을 수도 있을 것입니다. 그들이 포기하지 않도록, 다시 가슴이 뛰도록 만들어주시겠습니까?'

누군가의 삶에 기여할 수 있다는 점을 강조하면 나는 쉽게 설득될 것이다. 지금 내가 이 책을 쓰고 있는 이유도 '기여'라는 욕구를 충족하기 위해서다. 독자들의 삶을 변화시키는 데 이 책이 도움이 되길 바라는 마음이 현재 내 삶에서 가장 중요하기 때문이다.

훌륭한 리더는 자신이 이끄는 사람이 누구인지 더 세심하게 살펴야 한다. '한 번 더'의 습관을 통해 그들의 욕구 변화 또한 더 자주 살펴야 한다. 무엇보다 중요한 것은 사람들이 자신의 욕구를 충족하는 것이 곧 팀의 발전에 기여한다는 확신을 가질 수 있어야 한다. 그리고 그들이 요구를 충족하면 자연스럽게 당신의 욕구도 충족될 것이다.

욕구와 욕구가 끊임없이 충돌하고 갈등하는 조직은 바람직하지 않다. 어느 한쪽이 밀려나고 다른 한쪽이 득세하는 조직 또한 목표에 도달하지 못하고 난파할 것이다.

난파선에서 가장 마지막에 침몰하는 리더가 될 것인가, 목표에 가장 먼저 상륙하는 리더가 될 것인가?

'한 번 더' 깊이 생각해보라.

모든 시선은 당신을 향한다

반드시 기억하라.

가치 있는 것들은 대부분 가르침이 아니라 '발견'을 통해 얻어진다는 것을. '한 번 더' 습관의 핵심이 바로 '발견'에 있다는 것을.

리더십의 차원에서도 마찬가지다.

사람들은 당신의 가르침보다는 당신이 하는 것을 지켜보는 것을 통해 훨씬 많은 것을 배운다. 따라서 당신은 언제나 스스로 높은 수준을 유지해야 한다.

다른 사람에게 당신이 요구하는 것과 당신이 자신에게 요구한 것이 일치하지 않으면 사람들은 즉시 떠난다. 그러면 모든 노력은 물거품으로 돌아간다.

모범이 되어라.

리더십의 모범은 끊임없이 큰 꿈을 키워주고 모두가 그 꿈의 일부라는 것을 알려주는 것에서 시작된다. 나아가 시간을 들여 각 사람의 독특한 재능을 파악하고 그들의 기본 욕구가 충족될 수 있도록 노력하는 의지를 보여주어라.

더 구체적으로 말하자면, 항상 '한 번 더'를 실천하라.

다른 사람들보다 한 시간 일찍 출근하라. 다른 사람들보다 비즈니스 미팅을 '한 번 더' 가져라. 프레젠테이션과 회의를 위한 준비 단계를 다른 사람들보다 '하나 더' 늘려라.

모든 시선이 당신을 향하고 있다는 것을 기억하라.

초라한 본보기를 보이는 순간 당신과 당신의 꿈은 남루한 실패를 면치 못할 것이다. 좋은 리더가 되려면 반드시 당신 자신을 먼저 이끌어야 한다. 당신 자신이 높은 수준의 성과와 통찰, 침착함, 인내심을 가질 수 있어야만 타인에게도 이를 주문할 수 있다.

당신의 '한 번 더'가 당신의 천 마디보다 힘이 세다는 사실을 명심하라.

16장

성공하는 사람들의
11가지 리더십 원칙

평범한 사람에게 비범한 성과를 내도록 하는 것,

그것이 바로 조직의 능력이다.

_피터 드러커

앞에서 나는 리더십의 본질과 '한 번 더'의 습관을 갖춘 리더가 되는 데 필요한 것들을 정의했다. 이제 이를 실행에 옮기기 위한 원칙들을 설명해보고자 한다.

나는 이 원칙들을 실행에 옮김으로써 지난 몇 년간 엄청난 성과를 기록할 수 있었다. 그러니 나를 믿고 당신도 따라오라. 당신의 리더십에 유용한 참고가 되어줄 것이다.

물론 다음의 원칙들은 탄력적으로 적용된다는 사실을 유념해야 할 것이다. 나 또한 이 원칙들을 매 순간 다듬고 고치고 확장해왔다.

성공은 무엇이든 끊임없이 절차탁마하는 태도에서 출발한다는 것을 기억하라.

1 에반젤리스트가 되어라

《메리엄 웹스터 사전Merriam-Webster Dictionary》의 정의에 따르면 '전도사evangelist' 는 '뭔가에 대해 매우 열정적으로 말하는 사람'이다.

최고의 리더는 자신의 큰 뜻에 다른 사람들을 참여시킨다. 이를 위해 자신의 꿈을 열렬하게 홍보하는 전도사가 된다.

언젠가 나는 영광스럽게도 애플의 창업자 중 한 명인 스티브 워즈니악과 대화를 나눌 기회가 있었다.

나는 그에게 이렇게 물었다.

"스티브 잡스 말입니다. 대체 무엇이 그를 그렇게 위대하게 만들었을까요? 그는 엄청난 재능의 소유자였나요?"

나는 당연히 잡스가 열심히 일하고 회복탄력성이 뛰어나고 믿을 수 없을 정도로 똑똑하다는 대답을 예상했다.

그런데 워즈니악은 이렇게 답했다.

"잡스는 자신의 꿈을 선전하는 데 천재적인 재능을 갖고 있었죠. 그는 정말 열정에 넘치는 꿈 전도사였어요. 다른 사람들을 자신의 꿈에 쉽게 감염시켰죠."

탁월한 리더는 탁월한 '전염력'의 소유자다. 뜨겁게 전염되는 꿈은 사람들 사이의 결속력을 튼튼하게 만들어준다. 이를 통해 최고의 팀워크가 탄생한다.

2 디테일을 챙겨라

'한 번 더' 듣고 '한 번 더' 관찰하라.

　이는 사람들의 소질과 재능, 환경을 파악하는 데 유용하다. 지금껏 나는 정말 많은 비즈니스맨을 만나왔다. 그들은 대부분 팀장 이상의 리더들이었다. 그런데 내가 그들에게 깜짝 놀란 것은, 그들이 그들의 팀원들에 대해 너무나 무지하다는 사실이었다.

　그들은 그 사실을 지적하는 내게 이렇게 답하곤 했다.

　　"너무 바빠서요."

　　"그렇게까지 세부적으로 알 필요가 있을까요?"

　　"여기는 학교가 아닌데요. 제 팀원들은 돌봄의 대상이 아닌 걸요."

　　"그 사람이 어떤 사람이든 상관 없습니다. 성과만 내준다면요."

　이렇게 적당히 넘기는 태도를 가진 사람은 좋은 리더가 될 수 없다. 진지하게 경청하고 '해야 할 일' 목록의 상단에 '팀원들 관찰 시간'을 의도적으로 포함시켜야 한다.

　우리는 바쁘다는 핑계로 사소한 것들은 놓쳐도 된다고 생각한다. 과연 그럴까?

　우리는 진짜 사소한 것들을 놓치는 것이 아니다. '놓친 것을 사소한 것'이라고 애써 변명함으로써 자신을 합리화하고 있을 뿐인 것이다.

　경영잡지의 표지를 장식하는 최고의 CEO들의 기사를 읽어보라. 그들은 직원들의 가족과 반려견까지 빈틈없이 챙긴다. 그들이 너무 한가해서 그렇게 하는가?

최고들은 귀신 같이 '디테일'을 챙긴다. 당신이 사소한 것들은 놓쳐도 된다고 생각할 때 그들은 그와 정반대로 행동한다.

하루에 몇 분만이라도 시간을 할당하라.

팀원들의 이야기를 경청하고 그들의 행동을 세심하게 관찰하라.

당신이 지금껏 놓쳐온 '사소한 것들'이 사실은 당신 팀의 운명을 바꿔놓을 만한 것들이었음을 깨달을지도 모른다.

3 끊임없이 발탁하라

현명한 리더는 또 다른 현명한 리더를 키울 줄 안다.

그렇다. 모든 리더의 첫 번째 임무는 리더를 키워내는 것이다.

10대 자녀에게 운전을 가르치는 부모를 생각해보라.

사람들은 분명 '아니, 어디로 튈지도 모르는 사춘기 아이한테 운전을 가르친다고? 정신이 나간 거 아냐?'라고 빈정거릴 것이다. 청소년 범죄와 마약, 알코올 중독을 운전과 기어이 연결시켜 개탄해 마지않을 것이다. 하지만 그 아이가 마침내 시험에 합격해 면허증을 교부받았다면, 그것은 그 아이에게 엄청난 '성장'을 선물한 것이다. 운전을 할 줄 알게 된 아이는 더 넓은 세상에서 더 많은 일을 수행하게 되기 때문이다.

리더를 키우는 것도 마찬가지다. 당신의 팀원들을 리더로 키운다고 하면 사람들이 비웃기 시작할 것이다. 대체 그에게 어떤 리더십 자질이 있냐고 힐난하고 야유할 것이다. 하지만 이 모든 것은 한 번도 진정한 성장 프로젝트에 참여해보지 못한 사람들의 질투일 뿐이다. 어떤 힘도 발휘하지 못하는 소음일 뿐이다.

'나는 당신을 좋은 리더로 키울 것입니다.'

이 한 마디가 얼마나 큰 위력을 발휘하는지 당신의 팀원들에게 직접 확인하도록 하라. 자신을 리더로 키워주는 사람이 곁에 있으면 '한 번 더' 자신감에 넘치고 '한 번 더' 강한 책임감을 갖고 '한 번 더' 당신의 꿈에 열정적으로 전염될 것이다.

유능한 직원이 회사를 떠나는 것은 '한 번 더'를 발휘할 기회를 얻지 못하기 때문이다. '한 번 더'를 발휘해도 아무도 자신을 발탁해주지 않기 때문이다.

4 믿고 사랑하고 보여주어라

대학을 졸업한 직후 나는 '매킨리 아동보호소'에서 상담사로 일할 기회를 얻었다. 출근 첫날 제8호 건물 현관을 들어서기 전까지만 해도 나는 내 인생이 그곳에서 송두리째 바뀔 것이라고는 전혀 예상치 못했다.

당시 매킨리는 부모가 감옥에 갔거나 그 밖의 여러 이유로 보살펴줄 어른이 없는 고아, 그리고 가정에서 학대받는 소년들을 위한 시설이었다. 첫날부터 나는 그곳의 모든 아이가 나에게 진실로 원하는 것이 무엇인지 생생하게 깨달았다. 맛있는 식사, 깨끗한 옷, 청결한 화장실이 아니었다. 그저 믿어주고 사랑하고 돌봐주는 손길이면 충분했다. 뭔가 좀 거창한 훈시와 태도를 준비했던 나는 깨달았다. 믿고 사랑하고 내가 좋은 사람이라는 것을 보여주는 것이 사람의 마음을 가장 극적으로 움직이게 한다는 것을.

당신은 지금 10명쯤 팀원을 둔 35살의 팀장인가? 그렇다면 당신의 사무실을 노크하는 팀원들에게 숫자와 서류를 내밀기 전에 그를 사랑하고 믿고 돌봐주어라. 당신이 언제든 의지할 수 있는 사람임을 먼저 내보여라.

그러면 팀원들은 저절로 성장할 것이다. 스스로 깨닫고 고치고 다시 일어설 것이다. 믿어주고 돌봐주고 사랑해주고 모범이 되어주는 부모 밑에서 자란 자녀는 늘 '한 번 더' 반성하고 '한 번 더' 공부하고 '한 번 더' 바르게 성장할 기회를 얻는다.

믿음과 사랑, 따뜻한 관심은 싸우지 않고 승리한다.

5 일관성 있는 메시지를 간결하게 전달하라

리더십이란 나이 든 사람에게 새로운 것을 알려주는 것이 아니다. 새로운 사람에게 오래된 것을 알려주는 것이다.

팀원들에게 새로운 것을 전달하기 위해 지나치게 애쓰지 마라. 그 대신 당신이 꼭 전파해야 할 메시지를 효과적으로 반복하라. 사실 같은 말을 반복하면 듣는 사람과 말하는 사람 모두 피곤해진다. 하지만 '반복'은 언제나 그 효과가 강력하다.

지속적으로 메시지를 보강해서 당신의 꿈을 팀원들에게 알려야 한다. 다만 그 메시지들이 너무 지루해 지겹게 느껴져서는 안 된다. 일관성 있는 메시지를 다양하고 유쾌한 전달 도구에 탑재해 전송하라.

일관성 있는 메시지는 팀원들 사이에 '안정감'을 제공한다. 따라서 '확실성'을 추구하는 팀원들에게는 긍정적인 영향을 미친다. 일관성과 함께 '단순함'도 갖춰야 한다. 메시지가 복잡하면 팀원들은 쉽게 지친다. 또한 복잡한 메시지는 모호해진다. 당신의 메시지에 대한 해석이 팀원들마다 각각 다르면 그 팀은 실패한다. 어떤 팀원이 들어도 같은 생각을 할 수 있도록 메시지를 일관성 있고 간결하게 조정하라.

팀원들이 '당신'을 생각할 때마다 머릿속에 명쾌하게 떠오르는 한 줄의 메시지가 있다면, 당신은 성공하는 리더가 될 확률이 엄청나게 높아진다. 당신이 추구하는 것이 무엇인지 모두가 쉽게 알면, 당신의 큰 꿈은 사람들에게 쉽고 빠르게 전파된다. 세계 최고의 CEO들이 매일 하는 일이 바로 이 메시지 작업이다.

'한 번 더' 메시지를 일관성 있게, 간결하게 만들어라.

6 쿨하게 인정하라

사람들을 인정하는 방법을 끊임없이 모색하라.

훌륭한 팀을 만들고 싶다면 경쟁과 성과를 인정하는 토대가 필요하다. 훌륭한 조직은 훌륭한 경쟁력을 갖추고 있다. 그들은 열린 생각과 태도를 장려하고 성과를 빈틈없이 인정해준다.

그렇다. '인정'은 정말 중요하다.

당신은 학창 시절, 우등상을 타거나 달리기 대회에서 1등을 했을 때 부모님이 마치 자신의 일처럼 기뻐하고 인정해준 기억을 소중하게 간직하고 있지 않은가? 부모님의 그런 인정을 통해 그들의 사랑을 생생하게 깨닫지 않았는가?

인정받고자 하는 것은 인간의 중요한 기본 욕구다. 당신이 인정하는 팀원은, 당신이 아무리 질책하고 야단을 쳐도 야속해하기보다는 이를 성장에 필요한 쓴소리로 기꺼이 받아들인다. 아무리 힘들고 괴로운 업무를 맡았어도 당신이 인정하고 있다는 느낌만 있으면 어떻게든 버텨낸다. 언제나 당신의 기대보다 더 큰 성과를 내 더 큰 인정을 받으려고 노력한다.

하지만 여전히 세상에는 인정에 인색한 리더들이 더 많다. 팀원들의 공을 좀처럼 인정하지 않고, 그들의 성과가 모두 자기 덕분이라고 생각하는 리더들이 얼마나 많은지 알면 깜짝 놀랄 것이다.

우등상을 탔는데도, 육상 대회에서 1등을 차지했는데도 인정해주지 않는 부모 밑에서 풀 죽은 자녀처럼 당신의 팀원을 만들 생각이 아니라면, 쿨하게 인정하라.

인정하기에는 조금 모자라고, 조금 빈약한 결과라 할지라도 쿨하게 인정하라. 결과가 좋지 않은 팀원들에게는 그토록 열심히 노력한 '과정'을 쿨하게 인정하라.

팀원들의 사기를 올려주고 싶은가?

매일 '한 번 더' 쿨하게 인정해줄 거리를 찾아라.

마이클이라는 팀원의 처진 기분을 올려주고 싶은가?

많은 사람 앞에서 그를 칭찬해줄 거리를 찾아라.

팀원들에게 고도의 집중력을 강조하고 싶은가?

그간의 성과를 쿨하게 인정하는 말로 시작하라.

나아가 인정할 때는 창의적인 방식을 동원해야 한다. 오직 성과만 인정하라는 법은 어디에도 없다. 매일 가장 먼저 출근하는 팀원을 인정할 수도 있고, 1년간 한 번도 지각하지 않은 팀원을 최우수팀원 후보 리스트에 올릴 수도 있다.

가장 창의적인 방식은 '칭찬'이다.

나는 나를 위해 일하는 사람들의 자녀에게 편지를 보내 그들이 얼마나 훌륭한 부모인지 알려주는 방식을 선호한다. 이는 거의 아무도 활용하지 않는 인정 방법이기도 하다. 그 어떤 방법을 동원하든 '칭찬'을 담아라.

그러면 절대 실패하지 않는다.

7 대의와 사명을 펼쳐보여라

훌륭한 조직에는 두 가지가 있다. '대의'와 '사명mission'이다. 대의와 사명을 갖춘 조직은 일편단심으로 똘똘 뭉쳐 최종 목적지를 향해 맹렬하게 집중한다.

리더는 사명을 만들어내고 거기에 사람들이 참여하도록 이끈다.

사명에는 다음 두 가지 구성 요소가 있다.

❖ **우리는 무엇을 위해 존재하는가?** 우리는 우리가 무엇을 믿는지 규정해야 하고, 이 운동을 중심으로 모일 수 있도록 사람들에게 의식을 고취해야 한다. 우리의 강령과 핵심 가치는 무엇인가? 또 우리가 믿는 원리는 무엇이며, 그것은 우리가 살기 좋은 곳을 만드는 데 어떻게 이바지하는가?

❖ **우리는 무엇에 맞서 싸우는가?** 사명에는 '적'이 있어야 한다. 맞서 싸워야 할 대상이 있어야 한다는 뜻이다. 예를 들어 당신이 푸드뱅크food bank를 운영한다면, 당신은 굶주림에 맞서 싸우는 것이다. 헬스장을 운영한다면 비만이 당신의 적이 될 수 있다.

최고의 적은 보통 우리가 뿌리 뽑고자 하거나 대대적으로 변화시키고자 하는 것이다. 당신이 만일 여성인권보호소 소장이라면 '가정 내 폭력'을 근절하기 위해 일하는 것이 당신의 사명이 된다. 당신이 자산관리 회사의 대표라면 고객의 자산을 위험에 빠뜨리는 선택을 배제하려는 노력이 기본 사명이 될 것이다. 또는 고객의 투자 방식을 도박이 아니라 건전한 것으로 변화시켜주는 것이 핵심 사명이 될 것이다.

사명의 두 가지 요소를 사람들에게 전파할 때는 그들의 감정을 깊게 파고들어야 한다. 강렬한 감정에 휩싸일수록 사람들의 참여도가 높아지고 전도가 쉬워진다.

소규모의 팀을 이끌고 있다 할지라도, 기회가 된다면 그들 앞에 정면으로 서서 당당하게 연설할 줄도 알아야 한다. 바쁘고 피곤하고 짜증이 날수록 이런 기회를 가져야 한다. 사람들이 다시 한 번 깊은 대의와 지혜로운 사명에 감동할 수 있게 만들어야 한다.

어떤 난관에 부딪치더라도 앞장서서 기꺼이 뚫고 나가야 한다. 온갖 소음으로부터 팀원들을 안전하게 보호할 것이라는 의지를 뚜렷하게 보여주고 적극적으로 목소리를 내야 한다.

최고의 팀워크를 구축하면 당신이 가장 큰 이익을 얻는다. 그러니 절대 이런 노력을 포기하지 마라.

8 솔직하게 사과하고 모르는 척 넘어가라

만일 당신이 거짓말쟁이이거나 사기꾼이라면, 당신의 팀원이 가장 먼저 알아차릴 것이다. 뛰어난 리더의 가장 중요한 자질은 '진실을 말하는 용기'다.

팀원들은 당신의 결점은 받아들일 것이다. 하지만 정직하지 않은 거짓은 결코 받아들이지 않을 것이다. 실수나 시행착오를 저질렀다 할지라도 숨기려고 하지 마라. 쿨하게 인정하라.

'내 잘못입니다. 미안해요. 다음 번에는 이런 일 없도록 더 신경 쓸게요!'

쿨하게 사과하고 인정하면 사람들은 놀랄 만큼 너그러워진다.

마찬가지로 실수를 인정하고 사과하는 팀원에게는 관용을 베풀어라. 그리고 그보다 더 중요한 것은 한 팀원이 많은 사람들 앞에서 실수를 했을 때는 일일이 지적하지 말고 쿨하게 넘어가라. 회의시간에 벨소리를 미처 진동으로 바꾸지 못한 팀원을 질책하기보다는 그냥 쿨하게 모르는 척 넘어가라.

정말 사소한 실수를 일일이 지적하면서 '예의가 없다'고 지적하는 리더들이 많다. 하지만 작은 소음을 일으키는 따위의 사소한 실수들이 중요한 프로젝트 진행에, 영감을 떠올리는 브레인스토밍 회의에 지장을 주면 얼마나 주겠는가!

사과와 인정을 종용하는 대신 쿨하게 넘어가주면, 그 사람은 더 큰 일과 상황에서 당신의 뛰어난 오른팔이 되어줄 것이다.

9 문화를 창조하라

사람은 잘 정비된 사명과 목표, 기대가 명확하게 규정된 문화를 원한다. 설계가 잘 된 문화는 인간의 6가지 기본 욕구와 그것을 충족하는 방법에 관심을 쏟는다.

문화가 존재할 때 확실성과 사랑, 성장이 만들어진다. 또 인정받고 기여한다는 의식이 생길 때 의욕과 목적의식이 형성된다.

문화는 당신의 팀원들이 독특한 자신만의 개성과 천재성을 발휘하는 데 중요한 역할을 한다. 이와 동시에 창의적인 미래에 집중하는 데에도 문화의 역할은 매우 긴요하다. 구성원이 각자의 자아를 실현하고 더 나은 미래를 만드는 데 에너지를 쏟게 하는 문화는 어떤 질문도 겁내지 않고 받아들인다. 투명함에 가치를 두어 최고의 열린 태도를 유지한다.

탁월한 기업에는 탁월한 문화가 있다. 이는 뒤집어도 옳다. 탁월한 문화가 탁월한 기업을 만들어낸다. 뛰어난 리더 밑에 뛰어난 팀원들이 모이는 것은 문화 때문이다. 뛰어난 직원은 뛰어난 문화를 가진 회사를 절대 떠나지 않는다.

10 성공에 필요한 자원을 제공하라

충분한 무기로 무장하지 않은 채 전투에 나서는 것보다 더 나쁜 것은 인생에 없다. 리더는 팀원들에게 적절한 장비를 보급해야 할 각별한 의무가 있다.

이것이 당신이 가장 먼저 숙고해야 할 일이다. 지원에 인색한 팀은 저조한 성과를 감수해야 한다. 자신을 지원하는 물자와 정보가 충분하다는 것을 알면 팀원들의 용기는 배가된다. 더 자신감에 넘치고 더 창의적인 승리를 모색한다.

지원은 넉넉한 예산에 국한되지 않는다. 무엇보다 팀원들이 자신의 기본 욕구를 충족하는 데 집중적인 지원이 이루어져야 한다. 글로벌 기업들의 사옥을 방문해보라. 여기가 일하는 곳인지, 리조트인지, 휴양지인지 눈이 휘둥그레질 것이다. 투자에 인색하지 않은 조직에는 항상 유능한 인재가 몰린다. 그리고 그 인재들이 조직에 엄청난 돈을 벌어다준다. 지원이 풍부한 조직은 '선순환'을 이룬다.

무작정 퍼주라는 것이 아니다. 예산의 집행과 그 결과는 철저하게 관리해야 한다. 물심양면으로 지원을 해주지 않으면 팀원들은 소극적으로 일하고 소극적인 성과를 올리는 데 그친다.

'팀원들이 최고의 역량을 발휘하려면 어떤 지원을 해야 할까?'

이 질문을 매일 점검하라.

11 무브먼트를 만들어라

리더가 된 순간부터 당신의 머릿속에는 '무브먼트movement'라는 단어가 깊게 박혀 있어야 한다. 어떤 조직이든 매 순간 변화의 움직임이 필요하다. 단 한 순간이라도 멈춰 있으면 미세한 균열이 시작되고 어느 한 부분이 반드시 부패하기 시작한다. 그것이 조직의 생리다. 조직은 살아 있는 유기체다. 숨을 멈추면 점점 굳은 시체가 되어갈 뿐이다.

지금 더 이상 잘될 수 없을 만큼 절정의 역량을 발휘하는 팀도 바로 그 순간, 새로운 무브먼트가 필요하다. 변화의 전위에 매일 서지 않으면 매 순간 더 나은 단계로 나아가는 우상향의 그래프를 가질 수 없다.

움직여라.

최고의 성과를 낸 팀원에게 더 팽팽한 긴장감을 제공하고, 최악의 성과를 낸 팀원에게 '한 번 더' 쿨하게 기회를 제공하라. 새로운 인재를 과감하게 받아들이고 쇄신해야 할 인사전략을 '한 번 더' 치밀하게 짜라.

의미 있는 변화를 만들어내는 무브먼트에는 출발선도, 결승선도 없다. 당신이 리더의 자리에서 내려올 때까지 무브먼트는 지속되어야 한다.

리더가 움직이지 않으면 아무도, 그 어떤 것도 움직이지 않는다.

17장

'한 단계 더' 인생을 올려주는 힘, 평정심

THE POWER OF
ONE MORE

자극과 반응 사이에는 틈이 있다.
그 틈 속에는 우리가 반응을 선택할 힘이 있다.
우리의 성장과 자유는 우리의 반응에 달려 있다.

_빅터 프랭클

앞에서도 잠시 살펴보았지만 행복한 삶을 영위하려면 무엇보다 '평정심equanimity'을 추구해야 한다.

스트레스로 가득 찬 세상에서 평화와 정신적인 안정을 추구하는 것이 평정심의 기본이다. 하지만 평정심에는 이보다 훨씬 더 큰 의미가 담겨 있다.

평정심은 이 책에 등장하는 수많은 아이디어를 뒷받침하는 조용한 접착제다. 고도의 평정심은 우리의 삶을 최고의 단계로 안내한다.

나는 강력하게 평정심을 지지한다.

그리고 당신도 그래야 한다고 굳게 믿는다.

결정적인 순간 고요해지는 지혜

평정심은 라틴어인 '아이콰니미타스(æquanimitas, 차분한 마음을 품다)'에서 온 말이다. '아이쿠우스(aequus, 평온한)'와 '아니무스(animus, 마음 또는 정신)'를 결합한 복합어다.

평온한 마음과 정신을 찾는 것은 보기 드문 미덕이다. 나를 비롯한 많은 사람은 평정심을 찾는 데 평생을 바친다. 평정심은 스트레스가 없는 상황에서 더 찾기가 쉽다. 하지만 압박감에 짓눌린 상태에서 평정심을 불러낼 수 있을 때 그것은 훨씬 더 가치가 있다. 평정심은 성공으로 가는 가장 빠른 지름길이다.

인간은 삶에서 발생하는 대부분의 일을 통제하지 못한다. 우리는 꿈을 꾸고, 기준과 목표를 세우고, 다양한 방법으로 생각과 행동을 펼칠 수 있다. 하지만 아무리 노력해도 결과에 대한 통제는 불가능하다.

그래서 우리는 실망과 좌절, 절망, 분노를 달고 산다. 이 감정들에 항체를 보유한 사람은 거의 없다. 하지만 결과는 통제할 수 없어도 그에 대한 반응을 조절할 수 있는 방법은 있지 않을까? 나쁜 결과를 딛고 일어나 긍정적인 마인드와 이성을 회복해 다음 번에는 좋은 결과를 기약한다면?

바로 이것이 평정심의 본질이다.

1년간 공들였던 계약을 최종 거절한 고객과의 전화 통화가 끝났을 때, 은행으로부터 대출을 갚으라는 최후 통첩을 받았을 때, 믿고 믿었던 사람이 끝내 등을 돌렸을 때 최고의 성취를 기록하는 사람들은 '평정심'을 꺼내보인다. 사람들이 좌절감에 무릎을 꺾을 때 강력한 실행가들은 평정심이라는 장대를 꺼내 더 높은 수준으로 도약한다.

평정심은 성공하는 사람과 평범한 사람을 가르는 경계선이다.

다음의 경우를 생각해보자.

일반적으로 투수는 9회말 만루 상황에서보다 1회에 주자가 없는 상황에서 홈런 타자를 더 쉽게 삼진 처리한다. 프로 골퍼는 20피트짜리 퍼팅을 대회 마지막 날보다 대회 첫 날에 더 쉽게 성공시킨다. 팀장은 연말 결산 평가를 앞둔 12월보다 새해 매출 목표를 짜는 1월에 더 자신감과 활기에 넘친다.

즉 사람은 누구나 일정한 평정심은 갖고 있다. 관건은 그 평정심을 가장 필요한 순간에 꺼내들 수 있느냐다.

그렇다면 결정적인 순간 평정심을 발휘하는 지혜로운 방법은 무엇일까?

첫째, '예측 불가능한 일'을 미리 대비하는 것이다.

삶은 예측 불가하다. 생각지도 못했던 변수들이 나타난다. 하지만 우리가 확실하게 예측할 수 있는 것이 한 가지 있다. '언제 어디서나 전혀 예상치 못한 일이 발생할 수 있다'다. '그 일이 무엇인지는 전혀 모르지만 예측 불가능한 일은 분명히 발생할 것이기 때문에, 그런 일이 생기더라도 나는 침착함을 유지하겠다!'는 생각을 평소에 꾸준히 연습해 자동 반응 시스템으로 만들어야 한다.

둘째, '받아들임'을 연습하는 것이다.

명상도 좋고 기도도 좋다. 요가도 훌륭하다. 의식적으로 받아들이는 태도를 평소에 연습하면 우리의 마음은 차분하게 가라앉는다. 침착함이란 우리가 변화시킬 수 없는 무엇인가가 존재하는 상황을 고요하게 받아들이는 태도다. 받아들이는 연습을 하면 부정적인 감정과 생각들에 휩싸이지 않는다. 부정적인 감정과 생각들이 잠시 우리의 마음에 머물렀다가 고요히 사라진다. 받아들이는 연습을 하면 욕망이 아니라 가치와 미덕에 깊이 끌리는 삶을 살게 된다.

셋째, '영원한 것은 없다'를 명확하게 인식하는 것이다.

지금 당장 삶에 예상치 못한 일이 벌어졌다 해도, 그 일이 영원히 지속되지는 않을 것이다. 인생은 변화의 연속이다. 좋은 일과 나쁜 일, 성공과 실패, 좌절과 기쁨, 행복과 불행은 우리의 삶에 언제나 번갈아 찾아오는 손님이다. 좋은 시절에는 나쁜 시절을 대비하고, 나쁜 시절을 침착하게 견디면 좋은 시절이 온다. 어느 한 쪽, 어느 한 시절에 매달리는 태도는 고통으로 이어질 뿐이다.

평정심은 그 어떤 것도 영원하지 않다는 것을 분명하게 인지하고 있는 태도다. 평정심은 집착의 고통을 제거해준다. 생각은 생각일 뿐이다. 소리는 소리일 뿐이다. 인간은 인간일 뿐이다.

넷째, '나는 우주의 작은 일부'일 뿐이라는 사실을 알아차리는 것이다.

우리는 종종 지나치게 우리 자신에게만 초점을 맞춘다. 하지만 우리는 거대한 우주의 티끌 같은 일부일 뿐이다. 이를 지속적으로 인식하는 연습을 하는 동안 점점 압박에서 자유로 삶의 거처가 이동하게 될 것이다.

다섯째, '내려놓는 연습'을 하는 것이다.

평정심은 고통과 괴로움을 피하는 것이 아니다. 고통과 괴로움을 놓아주는 것이다. 마음을 무겁게 하는 것들을 내려놓아라. 고요한 계단을 떠올린 후 그 계단을 하나 하나 천천히 내려가라. 벗어나려고 몸부림치지 마라. 그저 가만히 하나씩 내려놓아라.

타이의 승려 아잔 차Ajahn Chah는 이렇게 말했다.

"조금 놓아주면 조금 평화를 얻을 것이다. 많이 놓아주면 많은 평화를 얻을 것이다. 완전히 놓아주면 완전한 평화를 얻을 것이다."

평정심은 변화를 포용한다.

현상에 갇히지 말고 당신의 미래가 변화의 바람 속에 있다는 것을 인식하라. 변화의 수용은 평화를 가져다준다. 변화에 맞서 싸우는 것은 시간 낭비다.

평정심에 대해 더 깊은 관심이 있다면 더 깊이 파고들 것을 강력하게 권유한다. 평정심에 관한 심오하고 지혜로운 책들은 얼마든지 있다. 평정심에 대해 많이 알면 알수록, 당신의 삶은 '한 단계' 더 높아진다.

사로잡히지 않는 것, 그것이 인생의 최고선이다

불교는 인간의 삶에 깃들어 있는 네 쌍의 대립 상태를 구분했다. 이를 '팔풍八風' 또는 '팔법八法'이라고 부른다. 명칭은 다양하지만 일반적으로 다음과 같다.

- 쾌락과 고통

- 칭찬과 비난
- 이득과 손실
- 명예와 수치

평정심의 목표는 이런 바람이 우리의 마음에 매일 일정하게 미치는 영향을 줄이는 데 있다.

팔풍의 예는 다음과 같다.

- 우리는 미친 듯이 사랑에 빠지지만 사랑하는 사람이 바람을 피웠다는 것을 알게 된다.
- 성공은 흥분을 가져다주지만 자만으로 이어질 수도 있다.
- 직장에서 고속 승진을 했는데 6개월 뒤에 회사가 파산했다.
- 우리는 스포츠 영웅이나 유명 뮤지션을 열심히 응원하다가 그들이 심각한 마약중독에 걸렸거나 전과자였다는 사실을 접한다. 아니면 코비 브라이언트Kobe Bryant처럼 갑자기 세상을 떠났다는 소식을 듣는다.

인생은 '균형'과의 싸움이다. 너무 들떠서도 안 되고, 너무 기가 죽을 이유도 없다. 우리는 시간의 흐름에 따라 세상 일이 균형을 이룬다는 사실을 받아들여야 한다. 우리의 삶을 방문하는 것들과 일정한 거리를 두는 연습을 하면 '균형'이야말로 우리가 추구해야 할 완전한 삶임을 깨달을 수 있다.

리더가 갈팡질팡하는 모습을 보이면 모든 균형이 무너진다. 평생 동안 평정심을 추구하라. 평정심을 향해 나아갈 때마다 접근 방식과 경로를 지속 수정할 줄 알아야 한다.

팔풍은 인생의 스승이다.

삶에는 이 8가지가 모두 필요하다. 각 쌍 중 어느 한쪽이 없다면 나머지 한쪽은 존재하지 않거나 의미가 사라진다. 하지만 지나치게 팔풍에 몰두하는 것은 평정심을 가로막는 요인이 될 수 있다.

'사로잡히지 않는 것', 그것이 우리 삶의 최고선이다.

평정심은 평생의 목표다

평정심과 관련해 우리는 대체로 다음 4가지 영역 중 한 곳에 속한다.

- 적극적이면서 평정심 유지
- 적극적이면서 평정심 결여
- 소극적이면서 평정심 유지
- 소극적이면서 평정심 결여

우리의 목표는 자명하다. '적극적이면서 평정심 유지'다.

당신이 소극적이라면 평정심은 별로 도움이 되지 않을 것이다. 소극적인 사람은 태생적으로 느긋하고 여유가 있다. 따라서 '평정심을 유지하라!'는 뇌의 외침을 잔소리 정도로밖에 여기지 않을 것이다. 소극적인 태도는 '나는 인생에서 큰 일을 해낼 생각이 없다'를 나타낸다.

이 책을 쓰고 있는 나도 늘 충분한 평정심을 갖고 산 것은 아니다. 젊은 시절 나는 지나치게 적극적이었고 야심에 차 있었다. 그때 내 삶에 균형이라고는 찾아볼 수 없었다. 그래서 돈도 많이 벌긴 했다. 하지만 평정심을 갖추지 못한 탓에 항상 필요 이상의 비싼 대가를 치른 것도 사실이다. 평정심으로 가는 여정은 하루아침에 이루어지지 않는다. 긴 시간의 연습과 훈련이 요구된다.

당신이 '한 번 더' 생각하는 사람이라면 평정심 또한 영원하지 않다는 사실을 잘 알 것이다. 평정심도 덧없는 것이며 삶에 갖가지 도전적인 상황이 발생할 때마다 왔다가 사라질 것이다.

당신은 매일매일, 순간순간 높고 낮은 평정심의 단계 사이에서 움직일 것이다. 내가 이 글을 쓰고 있는 가장 큰 이유는 당신이 평정심 없이 살아온 나의 전철을 밟지 않게 하기 위함이다.

평정심은 목표를 이룬 후에 부가적으로 얻어지는 가치가 절대 아니다. 목표를 이루려면 반드시 갖춰야 할 미덕이다. 평화와 안정, 침착함을 뒤로 미루면 인생을 완전히 망칠 수 있다는 사실을 각별하게 명심하라.

18장

'한 번 더'
기도하라

THE POWER OF
ONE MORE

자연과학의 첫 잔을 꿀꺽꿀꺽 마시면 무신론자가 될 것이다.
하지만 그 잔의 밑바닥에는 신이 기다리고 있다.

_베르너 하이젠베르크

신앙을 눈으로 볼 수 있는가? 손으로 만지거나 맛보거나 냄새를 맡을
수 있는가?

당연히 불가능하다.

그럼에도 불구하고 신앙은 오랜 세월 동안 영적인 평화와 진리를 찾
는 데 강력한 추진력으로 자리잡아 왔다.

신앙은 개인의 선택이다. 어떤 신을 섬기든 나는 신앙을 가진 사람을
존경한다. 삶에서 신앙을 추구할 자유를 존중한다. 기독교인으로 살아
가는 내게도 '신앙'은 인생의 가장 큰 힘이었다.

아주 솔직하게 말하자면, 이 장을 집필하는 데 나는 꽤 애를 먹었다.
인간의 삶에 엄청난 영향을 미치는 '기도의 효과'를 독자들과 공유하
고 싶었기 때문이다. 내가 믿는 신에 대한 나의 사랑을 있는 그대로 드

러내고 싶었다. 하지만 나는 전적으로 당신의 믿음을 존중한다. 설교를 통해 당신을 밀어내는 것도 절대 원하지 않는다.

이 장에서 종교 문제를 다루고자 하는 것이 아니다. 이 장은 당신이 목표를 달성하는 데 도움을 줄 '기도'와 '믿음'의 활용 전략을 소개할 것이다. 설령 당신의 삶에서 신앙이 큰 부분을 차지하지 않는다고 해도 모쪼록 끝까지 읽어주기를 바란다.

먹고 마시고 기도하라

'믿음만 있으면 산도 옮길 수 있다'는 말이 있다. 하지만 이는 진정한 믿음에 대해 알기 전까지는 수박 겉핥기에 지나지 않는다. 믿음은 보편적인 것이다. 태초부터 모든 문명은 일종의 믿음에 기초한 영성을 훈련해왔다. 그리고 기도는 그 믿음의 구체적인 표현이다.

믿음과 기도가 결합하면 평화와 진리, 신념, 도덕률에 따라 사는 길이 열린다. 믿음과 기도는 서로 조화를 이루어 인생의 가치 있는 것들을 얻는 데 필요한 용기를 선물한다.

'한 번 더' 믿고 '한 번 더' 기도하라. 믿음으로 당신의 생각을 이끌고 기도로 당신의 행동을 주도하라. 믿음과 기도가 결합하는 순간 우리는 몰라보게 강해진다. '한 번 더' 하는 기도는 매일의 일상 속에서 신과 우주에 더 가까이 접근하게 해준다.

의식적으로든 무의식적으로든, 우리는 생각보다 더 많은 기도를 한다. 우리는 늘 무엇인가를 간절히 바란다. 그 간절한 열망이 바로 기도의 대표적인 형태다. 기도는 인간의 마음에서 일어나는 자연스러운 본능이다.

승진, 행복, 건강, 긍정적인 인간관계, 부자가 되기를 원하는가?

'한 번 더' 기도하라.

아주 절박한 순간에만 기도하지 마라. 최대한 자주 기도하라. 기도는 '감사'의 미덕을 강화시킨다. 감사하는 삶이 실패와 좌절에 빠지는 경우를 나는 보지 못했다. 기도는 당신의 삶을 풍요하게 만드는 모든 행동의 주인이다.

믿음은 뛰어드는 용기다

모든 사람에게 각자가 믿는 신과의 독특한 관계가 있듯이, 믿음과 기도는 우리 한 사람 한 사람에게 고도의 개인적 의미가 있다.

《성서》〈히브리서〉11장 1절은 믿음의 정의다.

"믿음은 바라는 것들의 실체요, 보이지 않는 것들의 증거이니."

인간은 모두 더 큰 존재, 더 높은 존재의 일부다. 더 크고 더 높은 존재와 연결되어 있다. 이는 오직 인간만이 갖는 고유한 특징이다. 기도를 통해 우리는 우리와 연결된 존재를 확인하고, 이를 통해 살아갈 용기와 희망, 지혜와 통찰을 얻는다. 기도는 우리에게 부여된 '자유의지'의 신성하고 진지한 발현이다.

믿음의 범주는 종교의 수준을 뛰어넘는다. 믿음은 의무와 신뢰, 충성에 바탕한다. 믿음은 눈에 보이지 않는 진리를 온전하게 받아들이는 태도에 기반한다.

기도는 이보다 더 엄밀하게 정의할 수 있다. 기도의 궁극적인 목적은 우리가 믿는 신이 '선善'이라고 부르는 것에 대한 이해도를 높이는 것이다. 그와 동시에 선에 대한 우리의 욕망을 늘려나가는 것이다. 한 마디로 말해 믿음과 기도는 우리 내면에 깃든 '선'을 촉진하고자 하는 건강한 의도다.

우리는 종종 실수를 저지른다. 믿음의 실체에 대한 완전한 지식을 쌓기 전에는 믿음을 거부하겠다는 태도를 나타내는 실수를 말이다. 또 많은 사람들은 이 같은 태도를 신앙뿐 아니라 삶의 모든 부분에서 나타내기도 한다.

만일 당신이 어떤 목표를 향한 도전의 여정을 시작하고자 할 때, 이를 위해서는 반드시 일정 수준의 지식을 갖춰야 한다고 생각하면서 자꾸만 그 출발을 미룬다면, 당신은 무기력해질 것이다. 일단 미지의 세계에 과감히 발을 들여놓은 후 어떻게든 문제와 난관을 헤쳐나가고자 하는 사람들에게 결코 상대가 되지 못할 것이다.

충만한 삶은 완벽한 준비가 아니라 '뛰어드는 용기'에서 비롯된다. 믿음에 대해 우리가 알아야 할 모든 것을 우리는 평생 동안 결코 알지 못할 것이다. 믿음은 지식이 아니라 행동의 결과물이다.

믿음이 없는 사람, 믿음을 의심하는 사람은 절대 사업을 시작해서는 안 된다. 절대 연인을 만들어서도 안 된다. 절대 팀을 만들어서도 안 된다. 절대 투자를 해서도 안 된다. 분명하고 구체적인 지식과 증거가 눈앞에 나타났을 때 비로소 움직이는 사람은 절대 멀리 갈 수 없다. 어떤 도움도 얻을 수 없다.

믿음은 모험이고 결단이다. 그리고 용기다. 삶은 언제나 불확실한 미지의 세계다. 미지의 세계로 나아가는 데 필요한 것이 바로 모험과 결단, 용기다.

당신은 절대 혼자가 아니다

사람들은 내게 묻는다. 내 삶에 가장 큰 영향을 미친 독서 경험이 무엇이냐고.

나는 1초의 망설임도 없이 답한다.

"《성서》입니다."

그리고 가장 즐겨 읽는 구절은 〈빌립보서〉 4장 13절이다.

"내게 능력 주시는 그리스도 안에서 모든 것을 할 수 있느니라."

《성서》를 읽을 때마다 나는 힘을 얻는다. 나는 또한 인간의 본성에 대해 깊고 지속적인 호기심을 품고 있고, 그에 대한 대답을 찾을 수 있도록 오랫동안 나를 자극해온 심오한 영적인 의문과 도덕적인 질문을 가지고 있다.

내가 힘을 얻는 방법들 중 하나는 종종 믿음을 갖고 기도할 때의 단순성과 순수성을 요약해주는 간단한 구절을 통해서다.

〈요한복음〉 16장 24절을 펼치면 예수께서 이렇게 말씀하셨다.

"구하라, 그리하면 받으리니. 너희 기쁨이 충만하리라."

이것이 믿음과 기도의 본질이며 내 삶에 끼친 강력한 영향이다. 믿음

과 기도의 힘을 온전히 신뢰하면 깨닫게 된다. '나는 절대 혼자가 아니라는 것을!'

오랜 세월 동안 나는 믿음과 기도가 주는 긍정적인 효과로부터 많은 힘을 끌어냈다. 믿음과 기도로 세일즈 상담을 하고, 강연을 위해 연단에 오르고, 전 세계를 돌아다니며 사람들을 만나고, 낯선 사람들과 대화를 나눌 때마다 자신감에 넘칠 수 있었다.

또한 나는 믿음과 기도를 통해 보상을 받았다. 믿음과 기도는 부와 인간관계, 행복한 가정생활이라는 은총을 내게 기꺼이 베풀었다.

그렇다. 내가 할 수 있는 일은 오직 믿음과 기도를 통해 내게 나타난 축복에 대한 증언뿐이다. 하지만 그것만으로도 감사하고 충분하다. 단 한 번이라도 믿음과 기도의 시간을 진지하게 갖는다면, 당신도 분명 나의 길을 가게 될 것이다. 믿음과 기도는 내면의 평화를 찾아내고 삶의 정수를 반영한다. 믿음과 기도를 통해 당신은, 당신이 받은 가장 큰 선물, 즉 당신의 삶에 대해 감사하게 될 것이다.

믿음과 기도는 '다음 번'에 내가 해야 할 일에 집중하는 데 도움을 준다. 이를 통해 삶의 다양한 영역에서 앞으로 나갈 때 그 목표와 에너지를 찾게 해준다.

믿음과 에너지, 양자과학을 연결하기

사람들은 종종 묻는다.

깊은 신앙을 갖게 되면 과학을 믿을 수 없게 되는 것 아닌지 말이다.

하지만 절대 그렇지 않다. 오히려 그 반대다.

여기 삶의 근본적인 본질과 관련된 3가지 철학이 있다.

1. 어떤 사람은 강력한 믿음에 근거해 자신을 생각한다.
2. 어떤 사람은 에너지를 기반으로 자신을 생각한다.
3. 어떤 사람은 과학을 기반으로 자신을 생각한다.

나는 나 자신이 위의 세 진영 모두에 속한다고 생각하기 때문에 조금 독특한 경우다. 나는 기독교인으로서 우주를 창조한 전지전능한 하나님의 존재를 믿는다. 이와 동시에 과학과 에너지에 대한 열렬한 신봉자이기도 한다. 그리고 절대 이런 신조가 서로 어긋난다고 생각하지 않는다.

한때 나는 내가 과학을 신봉하는 것이 신앙생활에서 내 믿음의 깊이를 줄여야 한다는 것을 의미한다고 생각하곤 했다. 강력한 신앙 기반의 믿음을 유지하기 위해서는 과학적 원리를 무시해야 하는 줄 알았다. 하지만 지속적인 독서와 학습을 통해 나는 과학이 복잡하고도 아름다우며 놀라운 내 믿음의 본질을 강력하게 뒷받침해준다는 사실을 깨닫게 되었다.

나의 전능한 신, 그는 만물을 창조하셨고 또 창조하지 않으셨다.

양자과학의 기본 정의는 우주가 상호작용하면서 양자 에너지로 흐르는 입자로 채워진다는 것이다. 이런 에너지에 대한 과학적 설명을 '양자물리학 연구'라고 부른다. 내가 양자 에너지에 호감을 느끼는 까닭은 여기서 믿음과 과학이 교차하기 때문이다. 실제로 독실한 신앙을 가진 나와 친분이 두터운 목사, 랍비, 이맘, 신부 들도 대부분 '에너지' 개념에 푹 빠져 있다.

나는 다음의 의문을 깊이 탐구했다.

'식물과 동물, 바다, 중력장, 날씨 등등 온갖 만물을 세상에 만든 신을 나는 굳게 믿는다. 그렇다면 내가 믿는 창조주는 우리 모두가 느끼고 경험하는 에너지도 만들어내지 않으셨겠는가?'

이 의문은 압도적인 무게로 내게 다가왔다. 하지만 전 세계 70억 명의 사람에게 생각하고 질문하고 감정을 표현하고 도전하고 추론하고 거대한 의문에 대해 숙고하는 능력을 선물한 신이 에너지장을 창조한 것쯤은 그렇게 어려운 일이 아니었을 것이다.

과학과 신앙은 서로 대립하지 않는다는 사실을 깨달았을 때 나는 미지의 세계로 한 걸음 더 나갈 수 있었다.

잠시 생각해보라.

'왜, 그리고 어떻게 당신은 존재하는가?'

나는 믿음과 에너지, 그리고 과학이 우리에게 지혜의 답과 평화, 논리, 질서, 그 밖에 우리가 살아가는 데 필요한 것은 무엇이든 준다고 확신한다. 오랫동안 나는 이 확신을 반복해서 경험해왔다. 보이지 않는 에너지가 어떻게 내 믿음에 스며드는지 깨닫고 난 후 나는 '기도'에 더욱 매혹되었다.

언뜻 보면 믿음과 과학 사이에는 공통점이라곤 전혀 없을 것처럼 여겨진다. 하지만 오래전부터 영적 지도자와 과학자 들이 이 둘 사이를 연결하는 방법을 모색해왔다는 사실을 알면 놀랄 것이다.

양자물리학에서는 모든 것이 극미한 입자와 파동으로 분해되며, 그것들이 우주를 움직이는 보이지 않는 에너지를 만들어낸다고 주장한다. 믿음과 마찬가지로 양자의 크기와 입자도 눈으로는 볼 수 없지만, 과학자와 종교학자 들은 이 두 가지가 인류에게 엄청난 영향을 미친다는 가정하에 활동한다.

양자물리학의 기본 원리 중 하나는, 하나의 결정이 하나의 질문에 대한 하나의 답을 만들어낸다는 믿음이다. 신앙의 원리도 이와 같다. 우리가 처음과는 다른 결정을 하거나 다른 방법을 사용하면, 우리가 붙들고 있는 진실은 전혀 다른 결과를 보여줄 수도 있다. 신앙은 우리를 일정한 답으로 안내한다. 그런 답이 결정과 결과를 만들어낸다.

자, 당신은 과학과 영성이 어떻게 연결되어 있는지, 그 연결고리를 볼 수 있는가? 이것이 믿음과 기도가 우리를 올바른 결정으로 안내하는 방식이 아닐까?

믿음과 에너지를 이어주는 연결고리의 본질은 다음과 같다.

많은 사람이 믿음과 기도를 받아들이면 우주의 에너지 개념을 배제해야 한다고 믿는다. 하지만 나는 그 반대가 진실이라고 생각한다. 에너지와 양자과학에 대한 믿음 덕분에 내 믿음과 목적이 이끄는 내 기도가 강화되기 때문이다. 이 두 가지 영역은 서로를 배척하는 것이 아니라 서로에게 힘을 실어준다.

'한 번 더' 기도하라.

당신이 기도하면 할수록 사람들은 당신의 에너지와 평화와 위안과 공감 능력을 더 자주 느낄 것이다.

당신은 항상 사람들이 뭔가를 느끼게 만든다

낯선 누군가를 처음 만났을 때 당신은 그에게 즉시 끌린 적이 있는가? 처음 만났는데도 무작정 싫었던 사람이 있는가?

이 또한 양자물리학의 한 부분이다. 보이지 않는 에너지장이 당신의 주변을 감싸고 있기 때문인 것이다. 눈에 보이지 않는 에너지는 세상에 다양한 방식으로 존재한다. 당신의 발을 땅에 붙게 하는 힘, 즉 중력이라고 불리는 에너지의 힘이 분명 존재한다는 내 말에 동의하는가?

어떤 방에 머무르는 동안 평화로운 에너지를 느껴본 적 있는가? 어떤 방에 들어서자마자 불편하고 낯선 에너지를 느껴본 적 있는가?

그렇다. 잘 생각해보면, 우리는 매 순간 눈에 보이지 않는 에너지를 분명하게 느끼고 있다.

다른 예를 하나 더 들어보자.

당신이 다가갔을 때 왜 어떤 강아지는 꼬리를 흔들며 접근을 허용하지만, 또 어떤 강아지는 당신을 보자마자 맹렬하게 짖어대는가?

당신이 발산하는 에너지 때문이다.

기억하라.

당신은 언제나 사람들에게 뭔가를 느끼게 한다는 것을.

당신의 삶으로 특정한 것을 끌어당기는 에너지가 있고, 마찬가지로 당신으로부터 뭔가를 밀어내는 에너지가 있다. 당신이 이런 에너지의 작동방식에 대한 이해가 부족하다면, 당신 자신에게 적잖은 피해를 주고 있는 셈이다. 반대로 이 개념을 잘 이해한다면, 그것은 당신의 삶에 크게 이바지할 것이다.

어느 정도의 깊이로 이 에너지와 양자물리학을 탐구할 것인지는 전적으로 당신이 결정할 문제다. 다만 그 존재를 부정하는 것은 우리 세계의 중력과 같은 근본적인 것을 거부하는 것과 다르지 않다.

이 에너지와 그 작동방식에 대한 이해는 오랫동안 내 성공에 결정적인 역할을 해왔다. 나는 잘 알고 있다. 내가 만나온 사람들 대부분이 자신이 어떤 유형의 에너지를 발산하는지, 또 자신이 어떠 느낌을 타인에게 전달하는지에 대해 너무 모른다는 것을. 당신이 발산하는 에너지를 조절하고 활용하는 능력은 당신이 세상에서 자신의 역할을 탁월하게 발휘하는 데 너무나도 중요하다.

자, 어떤 에너지를 발산하겠는가? 사랑스럽고 매혹적이고 강렬하면서도 너그러운 에너지를 발산해야 하지 않겠는가? 이를 위해 당신이 해야 할 일은 매일 '한 번 더' 기도하는 것이다.

'한 번 더' 기도의 힘

다시 한 번 강조하지만 믿음과 기도는 지극히 개인적인 선택이다. 나는 모든 사람을 존중하고, 모든 사람의 선택 또한 존중한다.

이 장을 통해 내가 알고 믿는 것을 당신과 공유할 수 있어 매우 기쁘다. 또 당신이 이 책의 마지막 장을 덮고 난 후 더 높은 수준의 믿음을 얻고, 더 집중적인 기도를 할 수 있게 된다면 이 또한 나를 몹시 행복하게 만들 것이다. 나는 '한 번 더' 기도하는 것이 어떤 형태로든 당신을 당신의 개인적 믿음에 더 가깝게 데려다 줄 것으로 굳게 믿는다.

다음은 '한 번 더' 기도에 관한 내 경험과 깨달음이다.

• 당신이 무엇을 믿든 그에 대한 믿음이 강해질수록, 그 결과로 얻게 되는 대의에 대한 당신의 헌신은 더욱 깊어질 것이다. 이를 인생의 전략적인 측면에서 다음과 같이 생각하라. 당신에게 믿음이 있고 그 믿음에 바탕해 직장에서 승진이나 큰 거래를 성사시키는 데 적임자가 되게 해달라고 기도한다면, 당신은 다른 사람이나 다른 회사의 문제를 해결하는 데도 적임자가 될 수 있고, 또 그 기도가 실현되도록 더 열심히 일하게 될 것이다.

• 물론 때로는 당신의 믿음이 흔들리기도 할 것이며, 살면서 당신이 믿는 신에 대한 의문을 품는 시간이 찾아올 수도 있을 것이다. 당신의 믿음이 테스트 받는 순간이다. 그럴 때는 의문에 대한 답을 찾는 노력을 기울여라. 신실한 노력은 분명 당신에게 답을 가져다 줄 것이다. 노력하지 않으면 믿음은 결코 강해지지 않는다. 그리고 의문을 쌓아두지 마라. 의문과 마주치는 순간, 즉시 그것을 제거하는 노력에 돌입하라.

• 뭔가 절박할 때만 기도하지 마라. 매일 기도하라. 또한 일관성이 있어야 한다. 운동을 하거나 건강한 음식을 먹거나 배우자나 자녀에게

사랑한다고 말하는 것이 당신에게 좋은 결과를 가져다줄 수 있도록 모든 것을 습관화하라.

- '참호 안에는 무신론자가 없다'라는 말을 들어보았을 것이다. 참호에 들어갈 때까지 기다리지 마라. 좋을 때든 나쁠 때든 항상 기도하라. 정직하게 기도하라. 마음을 담아 기도하라. 인생이 어떤 모습이든 상관하지 마라. 억지로 기도하지도 마라.

- 당신의 기도와 요구가 당신이 믿는 신의 뜻과 합치하는지 확인하라. 이에 관한 진리는 〈요한 1서〉 5장 14절에 분명하게 나와 있다. "그의 뜻대로 무엇을 구하면 들으심이라."

- 누군가를 해치려는 악의를 갖고 기도하지 마라. 그런 기도는 절대 답을 얻지 못한다.

- 기도의 힘은 삶에 복합적인 효과를 가져다준다. 믿음과 기도를 삶의 필수적인 부분으로 받아들여 오랫동안 뿌리내리게 하면, 그것은 당신뿐 아니라 당신의 소중한 사람들에게까지 더 큰 영향을 미칠 것이다.

- 나는 비극이 닥치면 믿음이 위기를 맞을 수 있다는 사실을 생생하게 깨달았다. 그와 동시에 바로 그때야말로 믿음과 기도가 가장 필요할 때라는 사실도 생생하게 알게 되었다.

• 끝으로 덧붙일 것은, 다른 사람이 당신의 믿음과 기도하는 방식에 도전하거나 그 때문에 당신을 배척할 수 있다는 것이다. 그들은 당신의 믿음을 이해하기 위해 오래 인내하지 않을 것이며, 때로는 그들 자신의 믿음에 근거해 당신의 믿음을 폄하시킬 수도 있다. 그런 사람들에 대한 내 대답은 다음과 같다. "그런 사람들에게 반응하지 마라. 그런 사람들을 아는 것보다 내가 믿는 신과 연결되는 것이 훨씬 더 중요하다는 것을 알아야 한다."

매 순간 기도하라.
매 순간 '한 번 더' 기도하라.

19장

마지막으로, 한 번 더!

THE POWER OF
ONE MORE

이 책을 집필하는 동안 나는 많은 깨달음을 얻었다. 그중에서도 가장 소중한 깨달음은 바로 나의 아버지, '에드워드 조지프 마일렛 주니어Edward Joseph Mylett, Jr'에 관한 것이다.

아버지는 내 삶의 영웅이다. 내가 지금껏 쌓아온 비즈니스 철학은 모두 그에게서 출발한다.

내가 일과 삶을 성공적으로 변화시킨 계기, 그리고 사람들의 삶을 돕는 활동을 지속적으로 펼치고 있는 까닭은 누구보다 존경하고 사랑하는 나의 아버지가 그렇게 했기 때문이다.

지금부터 나는 아버지가 평생에 걸쳐 가르쳐준 값진 인생 교훈을 당신에게 소개할 것이다. 내가 그랬던 것처럼 당신 또한 거기에서 특별한 가치를 발견하게 될 것이다.

＊ ＊ ＊

이제 '마지막으로, 한 번 더!'의 교훈이 시작된다.

아버지는 은행원이었다. 그는 단 하루도 결근 없이 일하는 성실한 사람이었다. 그는 내가 열다섯 살이 될 때까지 알코올 중독자이기도 했다.

알코올에 빠져 있는 동안 아버지는 끔찍한 대가를 치러야 했다. 그 자신뿐 아니라 그가 사랑하는 사람들까지 헤아릴 수 없는 고통을 겪었다.

우리 가족은 그의 내면에서 사납게 벌어지고 있는 전쟁의 희생자가 되었다. 우리 집은 단란한 편에 속했다. 하지만 알코올 중독자였던 아버지는 온 가족의 마음속에 늘 불안과 걱정의 형태로 자리하고 있었다. 그가 매일 자신으로부터 뭔가를 떼어내려고 몸부림치는 모습을 보는 것은 몹시도 괴로운 일이었다. 하지만 역설적으로 말하고 싶다. 아버지의 음주벽은 나에게 일어난 것이 아니라 '나를 위해' 발생했다고. 나아가 아버지의 음주벽은 그에게 일어났다기보다 '그를 위해' 일어난 것이기도 했다. 술에 빠져 지내던 기간 동안 아버지는 마침내 자신의 삶에 주어진 참된 '소명'을 발견했기 때문이다.

알코올 중독자 아버지 밑에서 자라는 소년은 몸짓 언어와 조성(調性, tonality), 표정을 읽는 법에 탁월해진다. 특히 마음을 읽어내는 기술에 능수능란해진다. 나는 아버지가 퇴근해 귀가하는 모습을 보면서 그가 술에 취하지 않은 사랑스러운 아버지일까, 아니면 술에 취해 모든 것에 무감각해진 아버지일까를 영리하게 읽어내곤 했다.

시간이 흘러 나는 아버지가 현관문에 열쇠를 꽂는 모습만 봐도 그가 어떤 생각을 하고 있는지 쉽게 알아내는 경지에 이르렀다. 열쇠를 꽂을 때 더듬거리며 애를 먹는다면 아버지는 분명 술에 취한 것이었다. 반대로 머뭇거리지 않고 매끄럽게 열쇠를 꽂으면 나는 그게 무슨 뜻인지 알았다.

나는 집 안으로 들어온 아버지의 말투나 걷는 모습, 몸짓, 거동과 태도를 주목했다. 아버지가 잠자리에 들 때까지 피해 있을 것인가, 뒤뜰에 나가서 아버지와 함께 캐치볼을 할 것인가는 그 답을 쉽게 찾아낼 수 있는 간단한 게임이었다.

예를 들어 당신이 여덟 살 소년이고, 이 게임이 행복한 가정생활을 위해 반드시 필요한 기술을 습득하게 해준다면, 당신도 그 게임에 천재가 될 것이다.

사실 아버지는 마음씨가 고운 사람이었다. 하지만 술을 마신 후의 행동은 그런 성격과 일치하지 않았다. 아버지는 점점 가족들의 정서에서 멀어졌고, 그만큼 육체적으로도 멀어졌다. 종종 그는 집에 들어오지 않았고 우리 모두는 그 이유를 잘 알았다.

그럼에도 불구하고 아버지는 늘 나의 가장 친한 친구이자 영웅이자 상담역이었다. 누구보다 내가 신뢰하는 사람이었다. 아버지는 나와 세 명의 누이가 모두 특별하다고 느끼게 해주었고, 우리도 그와 같은 방식으로 아버지를 바라보았다.

어린 시절, 모든 소년은 처음에 자신의 아버지가 완벽한 존재라고 생각한다. 절대 잘못 따위는 저지르지 않을 것이라고 믿는다. 하지만 세상의 모든 아버지 또한 인간이다. 그들은 '삶'이라는 힘겨운 싸움을 벌이면서 크고 작은 잘못을 저지르게 마련이다. 그리고 나는 그 사실을 누구보다 빠르게, 확실하게 깨달은 소년이었다.

내가 아버지를 존경한 이유는 그가 완벽한 사람이라고 생각해서가 아니었다. 오히려 그 반대였다. 내 눈에 아버지가 훨씬 더 특별한 사람으로 비친 것은, 그가 실수와 결점을 극복해나가는 능력을 갖고 있었기 때문이다. 나는 아버지가 왜 그토록 술에 탐닉했는지 정확히 알지 못했다. 하지만 나는 그가 알코올 중독 또한 훌륭하게 극복할 것이라는 사실은 잘 알고 있었다.

* * *

힘겹고 비극적인 일은 누구에게나 일어난다. 아직까지 이런 일을 경험하지 못했다면 앞으로 당신에게도 분명 일어날 수 있다. 아무리 기도하고 기도하고 기도해도, 비극을 피하지는 못한다. 다만 기도는 비극에 맞설 힘을 얻기 위한 강력한 행동인 것은 분명하다.

우주의 변치 않는 법칙들 중 하나는 '모든 것에는 유효기간이 있다'는 것이다.

그렇다. 머지않아 모든 것은 끝난다.

변화는 반드시 모든 사람에게 찾아간다. 행복한 시절에는 불행한 날들이 찾아올 것을 대비해야 한다. 불행한 날들을 견디면 반드시 행복한 날들이 찾아온다.

그러니 이렇게 생각하라.

'모든 일은 당신을 향해 일어나는 것이 아니라, 당신을 위해 일어난다고!'

살면서 당신은 여러 차례 어떤 여정의 끝에 다다를 것이다. 그리고 '마지막으로 한 번 더!'의 기회와 맞닥뜨리게 될 것이다. 이를 통해 인생의 경로를 새롭게 변화시키는 선택을 할 것이다.

지상에서의 삶이 유한다는 사실을 문득 깨달을 때 우리의 세계는 변한다. 사실 '모든 것은 끝이 있다'는 것은 너무나 당연한 진리임에도 우리는 이를 놀라우리만치 잊고 살아간다.

우리는 반드시 '마지막으로, 한 번 더!'를 통해 하나로 연결될 것이다. 거기서 도망치는 것은 불가능하다. 우리는 가능한 한 최선을 다해 그 기회와 마주치는 법을 배워야 한다.

그 날이 오기 전에 최선을 다해 인생을 사는 법을 배워라.

시간의 흐름, 그리고 그에 따른 필연적인 변화는 결코 멈춰 세울 수 없다. 속도를 늦출 수도 없다. 우리가 할 수 있는 전부는 '지금 가지고 있는 것'을 최대한 활용하는 것이다. 이를 통해 운명을 내 의도대로 이끌어가는 것이다. 이것이 곧 우리가 분노와 슬픔의 무게를 줄이며 인생을 살아가는 유일한 방법이다.

그렇다. 물론 쉬운 일은 아니다.

우리가 원하는 변화는 거의 일어나지 않기 때문이다.

* * *

내가 열다섯 살이 되었을 때 아버지는 인생 최대의 '마지막으로 한 번 더!'에 직면했다. 어머니에게서 최후통첩을 받은 것이다.

"술과 가족 중 하나를 선택해요."

어머니는 단호하게 말했다.

"앞으로 더 기회는 없어요."

나는 아버지가 그때 했던 말을 아직도 잊을 수가 없다.

"에디, 아빠는 잠시 나가 있어야겠다. 술을 완전히 끊을 거거든. 내가 다시 돌아왔을 때, 너에게는 마땅히 가졌어야 할 아버지가 생기는 거야. 네 누이들 역시 마찬가지고. 물론 네 엄마도 자신에게 걸맞은 남편을 갖게 될 거야."

전에도 그런 말을 들었던 적이 있는 나로서는 이번만큼은 아버지를 믿고 싶은 마음이 간절했다.

나는 아버지에게 물었다.

"이번에는 정말인가요?"

그때 아버지가 우는 것을 처음 보았다.

아버지는 눈물을 닦으며 말했다.

"내게는 이제 '마지막으로, 한 번 더' 기회가 있단다, 에디."

마지막으로, 한 번 더.

알코올 중독과 씨름하면서 수없이 그로부터 벗어나고자 애썼던 아버지의 말은 진정 가슴에서 우러나온 것이었다. 더는 실수가 용납되지 않는 막다른 길에 몰려 있었기 때문이다.

그때 내가 얻은 교훈을 당신과 공유하고자 한다.

원하는 것을 얻고자 할 때는 열정과 같은 뜨거운 감정을 폭발시킬 이유를 거기에 반드시 실어야 한다. 원하는 것을 얻으려면 스스로 변화를 만들어야 한다. 이 변화는 너무나 힘든 싸움이고, 이를 기꺼이 견뎌내고 극복하려면 가슴을 뜨겁게 만드는 뭔가가 반드시 있어야 한다. 당신이 맞닥뜨릴 장애물들보다 '변화해야 하는 이유'가 압도적으로 크고 중요해야 한다. 그래야만 그것들을 극복할 수 있다.

아직 기회가 많이 남아 있다고 자신을 위로하지 마라. 그대신 언제나 이를 악물고 '마지막으로 한 번의 기회뿐!'이라고 자신을 다그쳐야 한다. 이 책을 통해 나는 수없이 강조했다. 항상 인생을 완전히 바꿀 담대한 변화를 목표로 삼고 그에 걸맞은 기준을 세울 것을 말이다. 인생을 송두리째 바꿀 만한 변화가 아니면, 아마도 당신은 감정을 폭발시킬 만한 뜨거운 이유를 싣지 못하기 때문에 그 어떤 변화도 얻어내기가 정녕 쉽지 않을 것이다.

알코올 중독을 끊어내는 일이 어떻게 내 아버지에게 쉬운 일이었겠는가. 하지만 아버지는 인생을 바꾸는 변화를 얻는 데 성공했다. 변화하지 않으면 세상에서 가장 사랑하는 사람들을 잃기 때문이었다. 헌신적인 가장이었던 아버지에게 가족을 빼앗기는 상실보다 더 큰 비극은 없기 때문이었다.

분명 가능한 변화였지만 아버지는 '마지막 기회'가 올 때까지, 그 변화를 이루어내지 못했다. 자신에게 가능했던 삶을 살아보지 못한 것이다. 아버지도, 나도 생생하게 깨달았다.

매일, '마지막으로 한 번 더!'를 절박하게 외쳐야 한다는 것을.

* * *

종종 나는 어떤 계기로 타인을 돕는 일에 헌신하게 되었냐는 질문을 받는다.

내 답은 명료하다. 내 아버지 때문이다.

아버지는 술을 완전히 끊는 데 성공한 후 타인을 돕는 일에 여생을 바치셨다. 알코올 중독자 모임들을 찾아다니며 자신을 변화시키는 데 결정적인 역할을 한 '하루만 더 술 안 마시기'라는 아이디어를 전파했다. 이 아이디어는 아버지의 새로운 삶의 강력한 기준이 되어주었다.

알코올 중독자들은 잘 알고 있다. '하루만 더!'라는 싸움에서 승리하는 것이 얼마나 힘겨운 일인지를.

아버지는 지칠 줄 몰랐다. 처음에는 심드렁했던 사람들도 '하루만 더!'의 매력에 점점 빠져들었다. 그렇게 하루하루가 쌓여 한 주가 되고, 한 달이 되고, 1년이 되었다.

절대 잊지 마라. 기억하고 기억하라.

'마지막으로, 한 번 더!'와 '하루만 더!'는 우리를 놀라운 성공의 세계로 안내한다는 것을.

너무나 힘이 들어 당장 포기하고 싶은 꿈이 있는가?

'하루만 더' 늦춰라.

5년을 버텨야 한다는 압박에서 벗어나 '5분만' 버틴다고 생각해보라. 한 번에 한 걸음씩 '마지막으로 한 번만 더!' 떼어보라. 포기하지 않는 하루를 쌓아가면 우리의 삶은 무서울 만큼 강력해진다.

'하루만 더!'와 '마지막으로 한 번 더!'라는 무기를 가지고 매일의 싸움터로 나가보라. 승리하는 날들이 압도적으로 많아질 것이다.

그렇다. 포기를 하루만 더 늦춰라.

마지막 한 번의 기회를 놓치지 않은 아버지는 술을 완전히 끊고 난 후 35년을 더 살았다. 아버지가 마지막 한 번의 기회를 생의 마지막 날로 미루어놓았다면, 그는 평생을 알코올 중독으로 살았을 것이다.

내가 그랬듯, 당신도 내 아버지의 삶에서 배우기를 바란다.

* * *

'마지막으로, 한 번 더!'에 관해 독자들이 알아야 할 것이 있다.

1. 기회가 있을 때마다 '마지막으로 한 번 더!'의 삶을 산다.
2. '마지막으로, 한 번 더!'는 하루하루를 새로운 삶처럼 바라볼 때 최대치로 가동된다.
3. '마지막으로, 한 번 더!' 도전하기에는 이미 늦었다는 말은 절대 성립할 수 없다.

기회가 닿는 대로 '마지막으로, 한 번 더!'의 삶을 사는 사람은 매우 절박한 자세로 삶에 접근하게 된다.

만일 사랑하는 사람으로부터 '마지막으로, 한 번 더!' 춤추는 것을 허락받는다면 어떤 기분이 들까? 만일 자녀들과 '마지막으로, 한 번 더!' 대화할 기회가 주어지면 어떨까? 당신은 소중한 그들에게 뭐라고 말하겠는가? 또 그 말을 어떻게 하겠는가? 배우자에게 사랑한다고 말할 기회가 '마지막으로, 한 번 더!' 주어진다면, 당신의 삶이 어떨지 생각해보라.

내 아버지와 마찬가지로 만일 당신에게 늘 바라던 부모나 형제, 자녀, 친구가 될 기회가 '마지막으로, 한 번 더!' 주어진다면 어떤 행동을 할지 생각해보라. '마지막으로, 한 번 더!'의 습관을 가지면 삶의 우선순위가 변한다. 그러면 당신에게 주어진 신의 선물을 더 고맙게 생각할 것이고, 시간의 소중함을 깨달을 것이다.

그리고 더 나은 인간이 될 것이다.

아버지와 나는 골프를 즐겼다. 내가 아직 젊었던 시절, 우리는 캘리포니아에 있는 엘 프라도 골프 코스에서 종종 라운딩을 했다. 아버지와 나에게 그곳은 안식처이자 긴장을 풀어놓고 마음껏 서로의 생각과 문제를 공유할 수 있는 소중한 공간이었다. 우리는 늘 정치를 주제로 열띤 토론을 벌이곤 했다. 또 영성이나 삶의 의미, 아버지의 자녀, 손자에 관해 깊이 있는 대화를 나눴다. 그러다가 문득 고요한 순간이 찾아오면 아버지는 자신이 놓쳐버린 기회에 관한 이야기를 털어놓으며 후회의 순간들을 떠올리곤 했다.

물론 아버지는 나를 자랑스러워했고, 특히 사업을 성공시킨 데에 놀라워하면서도 가족이나 친구와의 관계가 그 무엇보다 중요하다는 것을 깨달아야 한다고 강조했다. 아버지는 내가 소유한 집과 명예와 부에 대해서는 별 관심이 없었다. 대신 그는 나의 됨됨이나 내가 사람들을 대하는 방식, 내가 세상에서 어떤 차이를 만들어내는지, 착하고 도덕적인 생활을 하는지에 더 관심을 쏟고 걱정했다.

아버지가 소중히 여겼던 것은 그가 나에게 가르쳐 준 가장 중요한 교훈 중 하나로 남아 있다. 그것은 지금까지 나를 지탱해 준 힘의 원천이다.

우리의 대화는 깊이가 있었고, 그렇게 여러 해를 보내면서 아버지는 나에 관해 모르는 것이 없는 유일한 사람이 되었다. 내 나이 쉰이 다 될 때까지도 아버지는 내가 조언을 구하는 첫 번째 사람이었다. 사실 그는 내가 조언을 요청한 유일한 사람이기도 했다. 또 좋은 일이든 나쁜 일이든, 어떤 일이 생길 때마다 가장 먼저 전화하는 사람이기도 했다.

비즈니스 경력이 쌓여가고 그에 따른 성공의 열매를 맛보기 시작하면서, 나는 아버지에게 세계 일류 골프 코스에서 라운딩할 수 있는 선물을 드리고 싶었다. 그래서 수년간 성탄절 휴가 때는 연례행사처럼 페블 비치로 골프 여행을 떠났다. 그것은 아버지가 나에게 베푼 그 모든 것에 대한 작은 성의 표시였을 뿐이다. 그 시절은 내 인생에서 가장 소중한 시간이었다.

완전한 성인이 된 뒤에도 나는 전처럼 아버지가 필요했다. 자신만의 혹독한 시련을 겪어낸 그는 나에게 '아버지'라는 존재만이 할 수 있는 인생 상담의 공간을 제공했다.

아버지와 함께한 추억 중에서도 특히 그와 떠난 골프 여행이 가장 그립다. 아버지가 살아계셨을 때도 그 순간이 얼마나 소중한지 생생하게 깨달았지만, 아버지가 떠나고 난 뒤 그 추억은 새로운 의미로 다가왔다. 내가 골프를 그리워하는 것이 아님은 분명하다. 단지 아버지와 함께 보내고 공유한 시간이 그리운 것이다.

'마지막으로, 한 번 더!' 아버지와 골프 라운딩을 할 수 있다면, 그 무엇을 주어도 아깝지 않을 것이다.

* * *

지금도 아버지가 세상을 떠났다는 것이 나는 믿어지지 않는다.

아버지가 돌아가시고 나서 몇 달이 지났을 무렵, 나는 수천 명에 이르는 청중 앞에서 강연을 하다가 문득 강단에서 내려가 아버지에게 전화하고 싶은 마음이 솟구쳤다. 아버지와 강연에 대해 유쾌한 대화를 나누는 모습이 떠오르면서 가슴이 몹시 뛰기 시작했다.

하지만 곧 더 이상 그럴 수 없는 사실을 나는 깨달았다. 모두가 떠난 청중석을 물끄러미 바라보면서 나는 아버지의 부재가 갑자기 너무나 슬퍼졌다.

기다리지 마라!

사랑하는 사람들과 함께 보낸 모든 순간을 소중하게 간직하라. 그들이 당신을 자랑스럽게 여기고, 당신을 행복하게 할 수 있는 방식으로, 살라!

* * *

당신이 이해해 주었으면 하는 두 번째는 '마지막으로, 한 번 더!'를 제대로 음미하고 하루하루를 새로운 삶으로 대하라는 것이다.

보장할 수는 없다.

당신이나 당신이 관심을 쏟는 사람은 지금 이 순간 이 자리에 있다가 다음 순간이면 홀연히 떠날 수 있다.

당신이 살아 있는 매 순간이 축복이다. 그러니 그런 순간에 지극히 감사하는 태도로 다가갈 필요가 있다. 신이 당신의 삶에 가져다준 크고 작은 선물과 사람에게 감사하는 법을 배워라.

당신을 무겁게 짓누르는 생각이나 사람이 있다면, 떠나보내라. 새로운 기회와 관계가 떠나보낸 자리를 다시 채울 것이다. 우선순위를 바꾸는 유일한 방법은 과거를 벗어던지는 것이다.

이제 아침에 잠에서 깨면 자신을 향해 이렇게 말해 보라.

"살아 있는 매일매일 나는 다시 태어날 거야!"

과거를 놓아줄 때 현재를 위한 공간이 만들어진다. 현재를 위한 공간이 확보되었을 때 당신 삶에 담긴 '마지막으로, 한 번 더!'에 에너지와 열정을 가져다줄 수 있다.

매일매일을 새로운 삶으로 대할 때 당신은 더 많은 기쁨과 행복을 발견하게 될 것이다. 누군가와 '마지막으로, 한 번 더!' 대화를 해야 할 때, 작별하기 전에 마지막 포옹을 해야 할 때, 당신이 관심을 쏟는 누군가와 마지막 춤을 추어야 할 때 당신은 최선의 삶으로 나아가는 길에 방해가 되는 정신적인 쓰레기를 걱정하지 않고 맑은 정신으로 임할 수 있을 것이다.

그런 쓰레기를 끌고 다니느라 오늘을 망치지 마라. 그런 것은 미련 없이 보내주고 당신을 위해 중요한 일에 계속 매달려라.

* * *

마지막으로 알아야 할 것은, '마지막으로, 한 번 더!'를 시도하기에 너무 늦은 때란 절대 없다는 것이다.

아버지가 세상을 떠난 후 나는 유품을 정리하다가 색인 카드를 더미를 발견했다. 카드에는 '1-4, JL'이나 '1-3, PT' 같은 알 수 없는 숫자와 알파벳이 적혀 있었다. 카드는 아버지의 세면대, 책상, 침대맡 등등에 차곡차곡 쌓여 있었다. 몇 장은 욕실 거울에 테이프로 붙여져 있기도 했다. 족히 수백 장은 되어보였다.

나는 곧 그 숫자와 알파벳이 가리키는 것이 무엇인지 알 수 있었다. 알파벳 문자들은 아버지가 술을 끊도록 도와준 사람들의 이니셜이었다. 숫자는 그 사람이 술을 한 모금도 입에 대지 않은 첫 날이었다.

아버지는 그들에게 전화를 걸어 이렇게 축하했으리라.

316

"거봐요, 할 수 있다고 했잖아요. 자, 오늘도 하루만 더 금주하는 거예요. 이렇게 맨 정신으로 다른 사람과 전화할 수 있다니, 얼마나 신나는 일이에요!"

아버지는 이런 전화를 일 년에 수백 통씩 걸었다. 본인이 세상을 떠난 마지막 해를 포함해, 해마다.

산소공급기에 의존해 숨을 헐떡거리면서도 아버지는 계속 손을 뻗어 메모장에 적힌 사람들에게 전화했다. 극심한 고통 속에서 사투를 벌이며 자신이 곧 세상을 떠날 거라는 것을 알고 있었지만, 오직 한 사람이라도 더 도와야 한다는 생각뿐이었다.

아버지는 '한 번 더'의 삶을 살았기에 '마지막으로, 한 번 더!' 사람들에게 한 통의 전화를 건 것이다.

조용하고 친절하고 겸손한 아버지의 삶의 태도는 내게 '헌신'이라는 가치를 유산으로 남겼다. 이제 당신은 왜 내가 살면서 가능한 한 많은 사람을 돕는 것을 내 인생의 사명으로 삼았는지 알게 됐을 것이다.

아버지를 기리기 위해서다.

가족과 자신이 쌓아온 모든 것을 잃기 직전에 돌아온 아버지는 목표와 구원의 계기를 발견했다. 그는 자신에게 주어진 '마지막으로, 한 번 더!'의 기회를 최대한 살렸다.

우리는 모두 때가 되면 세상을 뜰 것이다. 하지만 '마지막으로, 한 번 더!'의 유산은 대대로 살아남을 것이다.

* * *

한없이 지혜로운 신은 우리에게 '용서의 힘'을 주었다.

이 선물을 마음속 깊이 간직하라.

소중한 사람들을 용서하라. 소중한 사람들에게서 용서를 받아라.

앞으로 당신에게 무슨 일이 생길지는 아무도 모른다.

하지만 '마지막으로, 한 번 더!'를 깊이 간직하고 있다면 그 어떤 일도 당신에게 유리한 기회로 변화시킬 수 있을 것이다.

아버지가 마지막 숨을 거두는 모습을 지켜보면서, 나는 언젠가 우리 모두 '마지막으로, 한 번 더!'를 마주하게 되리라는 것을 깨달았다.

지상에서의 마지막 해를.

마지막 달, 마지막 주, 마지막 날을.

마지막 시간을.

그리고 너무도 **빨리** 마지막 숨을.

우리는 '끝'을 통제할 수 없다. 하지만 '끝까지' 걸어간 이야기는 통제할 수 있다. 그 이야기를 '마지막으로, 한 번 더!' 아름답게 완성하라.

'마지막으로, 한 번 더!'가 당신을 찾을 때까지 기다리지 마라.

간절한 마음과 소명으로 그것을 추구하라.

그러면 인생이 당신을 위해 숨겨둔 아름답고 감동적인 이야기들을 만나게 될 것이다.

옮긴이 박병화

고려대학교 대학원을 졸업하고 독일 뮌스터 대학교에서 문학박사 과정을 수학했다. 고려
대학교와 건국대학교에서 독문학을 강의했고, 현재는 출판번역 에이전시 유엔제이에서 영
어와 독일어 번역가로 활동하고 있다. 옮긴 책으로《구글은 어떻게 일하는가》《생각의 역
습》《메타트렌드 시대가 온다》《하버드 글쓰기 강의》등이 있다.

'한 번 더'의 힘

1판 1쇄 발행 2022년 11월 17일
1판 2쇄 발행 2022년 12월 1일

지은이 에드 마일렛
옮긴이 박병화
발행인 오영진 김진갑
발행처 토네이도미디어그룹(주)

기획편집 박수진 박민희 유인경 박은화
디자인팀 김현주
마케팅 박시현 박준서 조성은
경영지원 이혜선 임지우

출판등록 2006년 1월 11일 제313-2006-15호
주소 서울시 마포구 월드컵북로5가길 12 서교빌딩 2층
원고 투고 및 독자 문의 midnightbookstore@naver.com
전화 02-332-3310 팩스 02-332-7741
블로그 blog.naver.com/midnightbookstore
페이스북 www.facebook.com/tornadobook

ISBN 979-11-5851-253-8 (03190)